你的**溝通**有沒有用？

教師與父母的說話效能

王淑俐　著

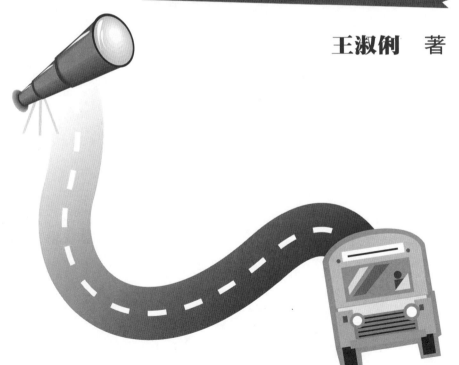

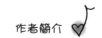

作者簡介

王淑俐

學歷：國立台灣師範大學教育學博士

現任：國立台北教育大學、國立台灣科技大學、國立政治大
　　　學、世新大學、實踐大學等兼任教授
　　　台北市教師研習中心工作坊課程講座
　　　台北市「教學輔導教師培訓」講座
　　　中華民國演說藝術學會榮譽顧問
　　　文化復興總會「生命教育推行委員會」講座

專長：1. 情緒管理與壓力紓解　　7. 聲帶保健與正確發聲
　　　2. 創意生涯與時間管理　　8. 個人及組織公關
　　　3. 教學技巧與評鑑　　　　9. 行為改變技術
　　　4. 教育及學校行政溝通　　10. 激勵技巧與自信心建立
　　　5. 親子溝通與單親問題　　11. 性別平等與兩性溝通
　　　6. 溝通與口語表達訓練

電子信箱：liliwang0827@yahoo.com.tw

賈序

二十世紀後半期開始，人類社會飛躍進步，進步到家長不再信賴教師對自己子女的教育，教師也失去了師嚴道尊的信念。因為實際上是，似乎人人都「懂得了」教育。家長的「教育知識與技能」可以「左右」教師的教學，而教師能否影響家長的「家庭教育」卻不可知。於是教師又多了一層任務——與家長溝通。

「溝通」就是有一段距離的兩個點間有阻礙，所以才要「溝而通之」。於是教師為了增加「教學效果」，除了「教學生」，還要得到家長的「助力」。本來事實就是如此，小學生在「正式」入學前，在「家裡」生長了六、七年，家裡的生活經驗是早就習慣了的。而且「遺傳」的智愚有別，教師都希望學生學得多些，也要學得好些；而學生還有差不多三分之二的時間是與家長生活的，只靠三分之一在學校學習，顯然不能發揮百分之百的效率。於是怎樣和家長溝通，就成了求教育效果的教師，在教學之外的另一項重任。

和家長溝通有時比教學生還難，理由是：

第一，家長出於天性的愛子女，看在父母眼裡，自己的孩子無一不可愛，不能容忍別人說自己的孩子不好。

第二，家長認為教師既然負著教育責任，教不好我的孩子，

不是你教師不負責，就是你教師不稱職。把孩子交給你教，教好他就是「你的責任」，怎麼還要「我」來管！

第三，家長「一貫的」認為自己的教育是對的，有時還認為教師的「教法」有問題。熱心的家長還會來「教導」老師，甚至請老師的上級用「行政命令」來「糾正老師」。

在四面楚歌下，老師應該怎麼辦？

淑俐受了傳統文化影響，勸老師「先行」教學相長、盡其在我，「堅持」教育信念，力行分所當為的事。這本來就是正確的，相信許多教師都是這麼做的。如果全體教師都是這麼做的，一定能克服困難，不愧為人師表。

國立台灣師範大學教育系名譽教授

牟序

　　如今接受高等教育的機會增多了，但大學生的素質卻「好像」沒有提升：我常聽到同仁為「大學生的學習動機低落」感到憂心。如何引導學生對於學習能夠從「被動」轉為「主動」，從「強迫」轉為「甘願」，從「勉為其難」轉為「發憤忘食」。不僅是中小學老師，大學教授一樣也需要這方面的技巧。而且比較起來，中小學老師其實是好當的，因為兒童及青少年對老師還有幾分敬畏。但是，大學生若不能讓他們心服口服，不管教授再怎麼博學，學生還是不受教。所以現代的大學教授，不僅要有高學位，更要有高超的教學技巧，這就需要增強表達與溝通的能力了。

　　其實，學生不是沒有能力，而是還有些懵懂、有些放鬆，若沒有積極的關懷與引導，很容易變本加厲，蹉跎寶貴的光陰，浪費父母的金錢。大學老師也與中小學老師一樣，除了知識傳授之外，更要關心學生的品格與態度。如淑俐書中所說，「說話技巧」是教育者的手術工具：卓越的教師，都具備優秀的溝通技巧。所以，現代老師如果要教得「有效」又「有笑」，就必須使自己的說話技巧，一天比一天高妙。

　　多年來，我看到淑俐對於教育者的溝通技巧與說話效能，一直很有研究興趣及實驗的勇氣。她除了指導中小學老師精進溝通

技巧之外，也因為目前在六、七所大學兼任，所以「做中學」，不斷自我調整，探索出許多溝通的精髓。以我對她的了解，她是那種非得自己做到，或經實驗證明有效的，才敢拿出來與其他教育工作者分享。所以，我堅信她對於教學溝通提出來的看法與做法是正確的，也希望讀者讀了這本書後會同意我的看法。

世新大學校長　牟宗燦

胡序

　　每當新學期開始前，我都會告訴自己，要做好心理準備；因為，即將面對的學生，一定會和以前有很大的差別。因此，必須不斷調整自己教學及說話的方式，以因應不同的學生，這就涉及說話效能的課題了。如果教師或父母總以同一套說話方式來和學生或子女溝通，必然無法達到溝通的目的。

　　為了能讓溝通效能提升，除了要依學生或子女的不同狀況，不斷修正自己的說話方式外，更有必要了解他們的基本需要。現今的青少年朋友，對自己的尊嚴非常看重及敏感，最討厭師長傷到他們的自尊。即使他表現得再不理想，都不願意被人瞧不起，尤其在意師長的看法。

　　例如，我目前任教的私立技術學院（即將改名為科技大學），雖然學生的成績不是很理想，但他們的自尊心卻超強，最討厭老師用言語來貶抑他們。所以，他們曾說很討厭上國文課，因為那位老師常常說：「你們真是朽木不可雕也，不想上課的人請出去，老師不會點名。」讓他們覺得自尊受傷。而對於我所說：「要努力修正孔夫子所說：『朽木不可雕也！糞土之牆不可杇也！』即使朽木也可以將它雕成藝術品，我們現在不是都撿漂流木來雕刻嗎？同樣的，糞土之牆只要將上面的糞土刮除，一樣能漆成漂亮的牆壁。當老師的就是要努力化腐朽為神奇，更何況你們並非

朽木或糞土之牆，當然可以好好雕刻與油漆。」學生們聽了都覺得很受用，並因此獲得很大的鼓舞，達到非常好的溝通效果，使他們願意改變自己的學習態度，讓學習變得更加快樂而有效。

其次，現代青少年對於關懷有熱切的渴求；台灣地區的孩子，可以說甚麼都不缺，就是欠缺關愛。所以，在史賓塞所寫《史賓塞的快樂教育》這本書中指出：「擁抱、撫摸與握手，也是一種教育。」我對這句話非常認同，這是最有效的肢體語言，可以增強說話效能之不足，達到神奇的溝通效果。因此，我常常和學生握手或來個擁抱（不過都是在公開場合，且由學生主動來抱我）。對自己的子女更是如此，常常會發揮出意想不到的驚奇效能。親愛的讀者，您不妨也趕快試試看！

「可憐天下父母心」，沒有一位父母不在為孩子著想，願為子女付出一切，但往往得不到預期的效果，反而讓子女產生反感及不快，老師有時也是如此。所以，我自己當老師，也為人父母，常常將心比心，要想辦法和學生產生有效且良好的溝通；教好他們，才對得起他們的父母。老師與父母也應彼此相互溝通與支持，講求說話的效能，也不枉我的另一半淑俐，在這個園地默默耕耘與付出的一番心血。

讓我們大家一起在這本書中吸取養分，經營最佳的教師與父母的說話效能吧！

中華技術學院副教授　胡芝林

自序

上到「溝通與口語表達訓練」課程時，我常說：「男女分手，尤其是『被拋棄』的一方，常常會吶喊：『我又沒做什麼？』」

對！這就是分手的理由。正因為你沒做那些對方「需要」及「希望」你做的事，彼此的關係才會走到盡頭。溝通有沒有用？總得先「運用」了，才能衡量「效用」；否則，哪可能不勞而獲？

溝通不僅是為滿足別人的需求，更希望能達到「自我滿意」。否則勉強自己去迎合別人，只會覺得虛假及委屈，總有一天會因壓抑不住而爆發。所以，「委曲」不一定能「求全」，「能忍」不一定就「自安」，還是得先對自己真誠，才可能「表裡如一」的對待別人，建立真正和諧（而非「面和心不和」）的人際關係。

我一直對「教學溝通」（instructional communication）非常有興趣，因為教育的魔法，最主要展現在溝通技巧上。不管時代怎麼改變，老師仍有其不可取代的功能，在知識技能的傳授、品格態度的陶冶，或心理障礙的消除，永遠需要老師「因材施教」的激勵、了解、安慰與開導。只有活生生的老師，才能充分發揮取之不盡、變化無窮的愛心、耐心及決心。尤其在如今的民主時代裡，學生、家長、教師同儕、社會團體等，均呈現一片「公說

公有理，婆說婆有理」的景象：非得透過高度的溝通技巧，才有辦法化解歧異、相輔相成，否則心力都耗在壓制對方上，毫無建設性，實在可惜！

溝通不良的後果不一定能彌補，所付出的代價可能大到令人悔不當初。每個人都希望擁有良好的夫妻關係、親子關係、親師關係、同事關係等，但是溝通技巧的良窳，卻會造成截然不同的結果。所以，我強力推薦「溝通課程」的價值，不論您目前的溝通能力如何，都可以因為改善及增進而獲益。利人利己，何樂不為！

王淑俐

目錄 | CONTENTS

CHAPTER 01
孩子是天使還是惡魔？

父母及老師在面對孩子時，是個什麼樣的教育者？

是笑臉迎人、滿面春風？還是盛氣凌人、滿臉寒霜？

對孩子感到滿意而頻頻誇獎？

還是覺得孩子毛病太多、屢勸不聽？

通常認為孩子是天使，還是惡魔？

以「比馬龍效應」（Pygmalion Effect）來說，孩子被認為是什麼，就可能變成什麼。但是，哪個父母不希望自己的孩子是天使，為何偏偏却把孩子塑造成惡魔？我的長子鈞豪就「被迫」當了多年的惡魔，之後，差點也讓女兒鈞怡成為惡魔。為什麼？答案就在下面的這幾封信當中。

鈞怡：

後天就是妳升上國中的第一次段考了，妳知道媽媽不願「逼」妳讀書，也沒有送妳去補習班，**就是相信妳能自我鼓勵及安排**，做一個會讀書也會休閒的真正好學生。

我等了妳兩天了，看看妳會不會規劃如何準備妳的各科考試，**看看妳會不會克服惰性及逃避心理**，拿出數學參考書後面的考題來練習（還有好多題目沒做吧）。今天是妳讀書之路的十字路口，是要「**向右走**」，自動自發、天助自助；**還是「向左走」**，成為一天到晚被罵，還是打死不肯讀書的人，**就靠妳自己選擇了。**

這樣的一封信，**十個小孩中有八個不當一回事**，也不會回信。妳呢？

媽媽

2005.10.10 上午 10:00

我寫這樣的信，是期待女兒怎樣的「標準答案」？她會道歉、懺悔，做出符合我的選擇嗎？會向父母保證收起貪玩的心，不再逃避、偷懶，然後開始伏案苦讀嗎？這樣一番「說教」就能達到效果嗎？我是否「太天真」或「太偷懶」了？父母常

把事情丟給孩子自己處理，卻忘了必須先培養孩子負責及規劃的能力。

　　寫完信後，從早上等到下午兩點多，鈞怡都不回信。我只好「逼」她，不得已，她寫了一封不像回信的回信；而且配上小惡魔的插圖，以配合信中結尾的「署名」──惡魔來也。

> 我想回，
> 　　但不知怎回，
> 　　　　就當我是八人的其中之一吧！
> 　　　　我文筆不好啦！
> 　　　　　不想得罪大人您！
>
> 　　　　　　　　　　　　　　　　惡魔來也

　　我「看圖說故事」，立即受到「震撼」。她覺得父母不信任她，因為不喜歡父母一味逼壓，於是以惡魔之姿來表達「反抗」。我想到鈞豪先前的狀況，於是立即回信給她。

鈞怡：

　　當年哥哥也志願當惡魔，於是反抗讀書。而今若妳也誤會媽媽的意思，那我就真的好傷心了。我只是希望妳能自己想通，充實自己的能力，想想自己的未來，不必靠外力逼迫。**父母師長是來幫助妳，而非壓迫妳的。**只要妳需要，媽媽永遠在妳身邊，隨時願意幫助妳。

　　一般人都覺得讀書很苦，若不能克服而一直拖延下去，情況只會更糟，最後連自己都會對自己感到失望。**如果肯用功，自己也會很有成就感，父母只是分享妳的成就而已。**

　　不要變成惡魔，我相信妳懂得自己要成為怎樣的人，妳也不想一輩子沒沒無聞，對吧！

　　這封信看過就好，不必回了。

媽媽

2005.10.10 下午 3:30

　　九年前，鈞豪讀國中時，我只會說教、訓斥與否定，沒有給予足夠的支持、鼓勵與協助。但他不敢用言語「頂撞」，只好以行動來抗拒讀書，藉此紓解內心的矛盾與痛苦，學習動機及成果自然低落。但，孩子的成敗，難道全是他一個人的責

任？父母就不需要反省、努力嗎？只是罵孩子，就表示父母已盡了責任嗎？可惜，當年的我想不到這些，只會生氣及貶抑他……。以下這封信，就是我當時的錯誤心態。

鈞豪：

　　媽媽對於你只是口頭上說要加油，實際上卻行動不足，感到非常生氣。你明知自己的弱點與問題，卻一再自欺欺人。**告訴父母會用功，變成了你逃避、拖延責任的最佳藉口。**你的讀書態度再不反省、改進，就要變成了「放羊的孩子」了。嘴裡說：「要用功！要用功！（狼來了！狼來了！）」，卻一直拖延該有的行動，那麼，農夫不再相信放羊的孩子，父母師長也不敢相信你，最後，連你都不能信任自己了。**你會覺得自己是個軟弱、沒有決心的人，**所以才一直陷在某種惡性循環中。你的課業成績多年來不能突破，再不行動，就要「定型」了。你不肯面對、思考自己的前途，到頭來，你的前途就會像你的課業一樣無法突破。

　　如果你想讀大學，靠腦力過日子，就非得讀書不可。**如果你不想讀大學，靠體力賺辛苦錢，就大可放鬆自己，別勉強讀書了。**如果這是你選擇的生活與未來，再怎麼說也沒

用，所有後果只有你自己承擔。我們除了搖頭嘆息之外，也不能代替你活。好好想想吧！**你再持續這樣敷衍塞責的學習態度，我只有把你當「放羊的孩子」，不敢再相信你所說的任何目標了。**因為你並沒有努力耕耘，如何看得到豐盛的收穫？

媽媽

1998.10.23

「工欲善其事，必先利其器」，教育者的「器」，就是「溝通的功力」（包括「言教」與「身教」）。教育者的言語，應能使受教者感到安定與喜悅，產生希望與信心；而不是令人惶恐、心寒，覺得沮喪及恐懼的「魔咒」。恩師賈馥茗教授說：「老師要像魔術師。」老師的魔術就表現在「說話技巧」上！馥茗恩師對學生十分關心，常大方的「奉獻」自己的時間及空間，讓學生到家裡來吃飯、談心。尤其，她「啟發」學生的技巧及教育愛更是一絕，為了不傷學生的自尊，她絕不直接否定你的想法或做法；當覺得時機不對或說了無益反害時，就忍住不說、慢點再說或間接委婉的說。馥茗恩師的說話技巧，很像黃飛鴻的「無影腳」，能讓學生覺察到自己不對或不足之處，

卻不會感到痛苦、尷尬，更不會怨恨老師。

　　教書二十多年，我也算是資深教師了；在嚐過不少苦頭，「經一事，長一智」之後，漸能體會教學的快樂，更珍惜師生相處的時光。我也會邀請學生吃飯聊天，次數多的時候，每週兩、三次；但比起馥茗恩師「旺季」時一天兩、三次，就差得遠了。而且剛開始請客時我挺小氣，怕多花錢，怕浪費時間；但現在，師生聚會成了生活的重要部分，才漸漸體會恩師所說：

> 「有些行為無法在上課觀察得到，課外才是學生表露真面目的時候；那麼，老師在課後，便不能以為沒有了教育責任，就完全置學生於度外。」（出自賈馥茗，2003：289）

　　課後付出沒有鐘點費，做了也不一定有教學績效。但，老師為了教導學生，願意「只問耕耘，不問收穫」，所以說：「教育是良心事業」啊！

現代教師為何憂鬱？

　　每年教師節前夕，金車文教基金會都會公布「教師憂鬱指

數」：每年都有五成以上的教師，憂鬱指數偏高。

教師不快樂的來源依序為：

1.教育政策的不確定性。

2.行政負擔太重。

3.備課時間太少。

在教學方面，老師最不喜歡的學生行為是：搗蛋、惡作劇、講話、跑來跑去。老師自覺對學生的影響力逐年下降，落在父母、朋友、大眾媒體之後，與網路的影響已差不多。傳統上對教師的敬愛，已開始動搖。在教育水準全面提升及「功利思想」之下，教師的言行受到更嚴格的檢視。教師要讓學生、家長及社會大眾「服氣」，更需謹言慎行。有位讀者在教師節時，為文〈老師，妳好殘忍〉，發表於報端（邱涵，2005）：

> 小學五年級的班導，講到「周處被鄉人厭惡」時，突然冒出一句：「周處驕傲蠻橫，不受歡迎，我們班有誰跟他一樣啊？」立刻有同學大聲喊出我的名字，全班爆出刺耳的笑聲……當我以求救眼神望向老師時，卻看到她神情超然的頷首微笑，還說：「那真要好好檢討啊！做人太失敗了，怎麼會讓大家都討厭妳呢？」

這位讀者無法抹去這份受傷的感覺，她說：「如果我再遇

到那位老師，我想告訴她：態度和言語的暴力，是最殘忍的體罰。」我想，等這位讀者的兒女進學校後，她一定不會容許「舊事重演」。

《教育基本法》三讀通過「禁止體罰條款」（2006年12月12日），但重要的不只是禁止教師體罰學生，若無積極措施，釐清老師的懲戒範疇，以及研擬更有效的師生溝通技巧，只會讓老師在管與不管之間無所適從。

報載（體罰老師，2005），台北市中山國小五年級某班家長，向人本教育基金會投訴某教師體罰。學校考績會將該老師記小過處分，遭教育局退回；但學校開會討論後仍維持原議。教育局表示，即使學校執意記小過，教育局仍會改為一大過。為此，台北市教師會總幹事羅德水（2005）表示：

> 體罰問題有其複雜之結構性因素，諸如不打不成器的傳統文化作祟、行政支援系統嚴重不足、管教與體罰的界限還有討論空間，這些因素未釐清或相對獲得解決之前，將所有壓力與責任歸諸教師並不公平。要達到零體罰，教師首應提升專業輔導知能，以更為專業有效的方法輔導學生。

不僅學校的老師應禁止體罰，其他的教育者如：父母、保

母、安親班或補習班的教師、教練等，也需禁止使用體罰的管教方式，都需要提升專業輔導知能，以更為專業有效的方法輔導學生。這個方法，應以「有效溝通」為首吧！

教育生態變遷的「惡夢」

如今老師在面對學生時，常感士氣低落，這與「教育生態」的結構性變遷有關；現在的學生，有不少是「反書族」及「寵兒族」。

一、反書族

我在大學任教近二十年，看到學生的「質變」，仍會感到瞠目結舌，甚至束手無策。名作家亮軒所寫的〈反書族〉（2005）一文讀後，一方面覺得自己並不孤單，卻也有著更沉重的悲哀。亮軒在大學專任教職多年，堪稱叫好又叫座，仍不免因學生的不用心，而「忍不住」為文抒懷，他說：

> 有人就是坐牢，做苦工，也不肯讀書。……
> 勸人讀書，有點勸人信教的味道，苦口婆心，未必有
> 效。讀書有用？不學而成功的人太多了，讀書的用處比

上天堂還渺茫。……

要他們讀書，僅僅比把他們打死好一點。

亮軒還「反諷」的提供了大學教授「開課須知」，如：

首先要讓學生相信這一門課很輕鬆，很容易過關，讀得通讀不通無所謂。老師其實在撒謊，……哪有不勞而獲的事？但就要設計個不勞而獲的課程。……

最好不要考試，最多交交報告就混過去。報告的字數萬萬不可多。……

千萬不要點名，學生肯來就是榮幸，要把點名視為對自己的汙辱。……

不要讓學生花錢買書，……

課不要開在早上八點，……

分數打得愈寬愈好，……

　　由於現今大學普設，入學率近百分之百，所以教育部不得不呼籲，各大學須為畢業生的品質「把關」；也「提醒」大學教授：「現在的大學已不是菁英教育，而是普及教育。」從前課堂上很少出現的不當行為，現在幾乎成了「常態」，如：遲到、蹺課、睡覺、講手機、不帶（或根本不買）課本、聊天、

看報章雜誌、不交作業等。教授若視而不見或假裝不在乎，實在有違職業道德；但一味生氣或沮喪，只是消耗能量、於事無補；此時應運用《孫子兵法》中：「知己知彼，百戰不殆」的策略，設法矯正學生「習焉不察」的「無心之過」。

🍎 二、寵兒族

現代家庭因為子女數少，個個都是父母的心肝寶貝；加上家庭社經地位提高，對老師的信任及尊敬相對下降。家長認為，父母與老師是「夥伴關係」，可以「平等對話」；若發現老師有「不利於子女」的舉措，會立即「干涉」。若願與老師當面溝通，即使出言不遜，仍算是好家長；但常有家長「越級」向主任、校長、教育局「舉發」，甚至直接找民間團體、民意代表出面，召開記者會。遇到親師衝突的場面，老師要如何控制自己的情緒，保持心平氣和，與家長理性溝通自己的教育理念及用心呢？

現代父母不捨得孩子吃苦的補償心理，致使孩子「人在福中不知福」，將父母的付出視為理所當然，不僅不知感恩，甚至貪得無厭，使父母陷在「我這樣愛你到底對不對」之兩難困境中。師生關係也因為民主及平等的觀念，使學生在乎老師是否尊重他，卻未以相同標準要求自己也要尊敬老師；所以「尊

師重道」的觀念，在家長及學生心中日漸薄弱。

怎樣教書更快樂？

　　根據金車文教基金會的調查，教師快樂的來源主要為教學成就及學生成就。所以，「成就感」是激發教育熱情的特效藥。成就感不會憑空而來，要怎麼收穫先那麼栽。事業成功而且快樂的人，對他們所選擇的行業，都有很深的感情。所以，教師是因為喜歡教育工作，才會無怨無悔的付出。喜歡、付出與收穫，三者之間成為良性循環：老師愈喜歡教育工作，就愈願意付出，快樂也跟著愈多。

　　2006 年台北市特殊優良教師中，龍門國中的江海韻老師是我認識多年的老友。看了得獎感言，才知她為何能二十多年如一日，保持教育熱忱與愛心。能當選特殊優良教師，即是受到她也是教師的父母「身教」的影響！她說：

> 一到寒暑假，功課落後的、要代表學校參賽的，還有家裡沒人照顧的孩子，都陸續來報到，家裡好像托兒所（當然通通免費）。……爸爸要學生把嬰兒帶來教室（學生是嬰兒的姐姐，父母要工作，所以要姐姐留在家中帶

小孩，因此⋯⋯），偶而爸爸也要幫忙換尿布。⋯⋯除夕夜，爸爸先到學生家吃年夜飯，發壓歲錢，因為學生的父親在過年前因案入獄。⋯⋯一位姐姐在家寄住半年，因為家裡窮，半工半讀還要寄錢養家，爸爸說住在我家，至少省下房租和三餐。⋯⋯

讓教師能夠「活力無限」的能源，來自下列幾項：

🍎 一、滿足孩子的求知慾

2005 年，我有幸在實踐大學師資培育中心教授「輔導活動教材教法及教學實習」課程。上課第二週，班長即找我「商量」；他說，因為這節課之後（週五下午一至三點）沒有排課，問我是否願意每次多上二、三十分鐘，讓他們可以多學一些。班長開口之前，我「以小人之心，度君子之腹」，猜他們想改為隔週上課，一次上四節。聽完班長認真誠懇的請求後，我非常慚愧，覺得自己的教育熱忱遠不及他們的好學精神。日後我更加用心，以「填飽」他們的求知慾。

許多老師及家長誤會孩子懶散、不想學習，其實是因為學習挫敗，因而失去信心。若能及早協助解決學習困難，等孩子建立自信，就能「釣魚給自己吃」了。

二、建立濃郁的兩代情

教育是師生互動的過程，若能如成龍與蘇慧倫合唱的「在我生命中的每一天」，應該會覺得非常幸福。

> 我是如此平凡卻又如此幸運，我要說聲謝謝你，在我生命中的每一天。……讓我將心中最溫柔的部分給你，在你最需要朋友的時候，讓我真心真意對你在每一天。

學生是純真的，師生之間不參雜任何利害或利益，可以「真心真意」相待。教育工作最大的報酬，是再多金錢也買不到的「真情」。親子之間更是如此，若接觸時間足夠、情感濃郁，父母就能享受教養子女的樂趣。

三、發揮教育的創意

教育不僅僅是技術，更是藝術。教育藝術之可貴，在於得到受教者的讚嘆與共鳴。教育不是機械化的步驟，因為學生各個不同；即使是同一個學生，今天也與昨天不同，所以無法以相同方式「教會」不同的人，或以一套教法應對不同身心階段的學生。隨著學生的成長，教育技巧必須日新月異；學生的學習興趣及成果，是教育成敗的指標。

教育之樂在於：教育者可以充分發揮創意。擁有高度創造

力的人，喜歡不確定的事物，能用新鮮刺激的方式思考，願意承擔風險，能不斷從事具有挑戰性的計畫。所以，教育的樂趣與成功，和教育者的創造力成正比。

父母及老師對於教育技巧有責任「精益求精」，因為沒有學不會的學生（孩子），只有不會教的老師（父母）。

四、使命必達的決心

《講義雜誌》第六屆 power 教師獎得主之一：台中縣大里市光正國中數學老師陳美伶（拉拔後段生，2005），她初次任教的班級是個後段班，但她立志幫助這些提前放棄數學的學生，使他們在基本學力測驗上也能考滿分。她的教法活潑生動，獨創「數學史劇場」，由學生分組上台演阿基米德等數學家的故事。她上課不填鴨、不考試，讓學生分組討論，她說：「我或許不能改變學生的宿命，但我可以讓他們知道，老師可以用愛與溫暖，陪他們走過人生這一段路。」

「益全香米」是農委會農業試驗研究所郭益全博士一生的心血成果（現代庄腳漢，2005）。他所領導的團隊經過九年努力，於 2000 年 10 月發表「台農七十一號」新香米品種。可惜在新品種發表前的一個月，郭博士因積勞成疾心肌梗塞而過世，得年才 55 歲。他的案頭上放著一張小紙條，寫著：「要

種稻，就要種好稻；要吃米，就要吃好米。」郭博士這種「種好米」的精神，正是教育者的最佳楷模。

父母及老師當然可以「望子成龍」，設定預定目標。但達成目標的關鍵不是逼迫孩子「要用功」，而在父母自己「要用心」；因為，「天下無難事，只怕有心人。」

參考文獻

拉拔後段生，教成基測滿分（2005，9月4日）。聯合報，綜合版。

邱　涵（2005，9月28日）。老師，妳好殘忍。聯合報，E5。

現代庄腳漢，讓米飯有了新光彩（2005，9月4日）。聯合報，A9。

賈馥茗（2003）。教育認識論。台北：五南。

羅德水（2005，3月23日）。落實零體罰，政府不能只宣示。聯合報，A15。

體罰老師，北市教育局要記大過（2005，3月23日）。聯合報，A7。

CHAPTER 02
「說話技巧」是教育者的手術工具

　　《賞識你的孩子》一書作者周弘，為了先天失聰的女兒能產生學習動力，不因殘障而自我否定，所以「故意」說：「婷婷，你看，『天才兒童行為表』第一條寫的是什麼？看書時津津有味，忘了吃飯睡覺。妳第一條就符合，妳說妳不是天才，誰是天才？」

　　肯・貝恩（K. Bain）所著《如何訂做一個好老師》一書指出：「卓越教師無論在教室、實驗室、工作室或任何會看見學生的地方，所展現最富意義的教學技巧，或許就是良好的溝通能力，隨時能夠激發學生思考。」（傅士哲譯，2005）

　　的確，說話技巧或溝通能力，是優秀的教育者最常運用的利器。

　　1983 年，我考上母校（台灣師大）教育研究所碩士班時，恩師張正男教授要我分擔他在台北市社教館「口才訓練班」

的課程。當時我還年輕，因著大學時代參加過十多次校內外演辯比賽，而且「屢獲佳績」（官方用語啦），所以「不自量力」的開始教別人「說話技巧」。可惜社會歷練不足，我的教學內容多偏理論（就是「不切實際」的意思）；幸好父母的「遺傳」還不錯（口齒伶俐），所以「業績」交代得過去，但仍覺得「心虛」。

1987 年我念博士班，恩師楊國賜教授擔任中華民國全國教育會秘書長，要我幫著做些「雜務」。於是我想到台北市社教館「口才訓練班」的教學經驗，覺得教師也需要口才訓練，所以在 1988 年 11 月，開辦了兩個教師口才藝術研習班。這一開始就停不了，除了日後成為我教授升等論文的主題（教師說話技巧），還在各地持續開設「教育專業與精緻語言課程」。

花蓮教育大學饒見維教授（1996）認為：「教師通用知能中，應包括『人際關係與溝通表達能力』。」「人際溝通與表達能力之於教師，好比各種手術工具的使用之於外科醫師。」因為，教育者絕大多數的時間都耗費在溝通與表達上。

在教學與輔導上要與學生溝通；在行政上要與校內的校長、主任、同事溝通；在親職教育上則要與家長溝通。以協調合作能力而言，教師必須與校內其他同事密切配

合。……如果溝通與表達能力太差，將會大幅影響其工作表現。

教師的語言表達能力，包括：

1. 講授能力。

2. 提問、解答能力。

3. 激勵、疏導能力。

4. 談話能力。（鄭其恭、李冠乾，1993：249-283）

前三者主要運用在教學與輔導上，最後一項「談話能力」則屬於人際溝通的部分。

教師的語言能力，和一般所謂的「能說善道」不同，有它特定的要求，如：

1. 動機的崇高性。

2. 內容的科學性。

3. 形式的規範性。

4. 群象的可接受性。

5. 語境的適用性。

6. 教態自然大方。（鄭其恭、李冠乾，1993：230-249）

所以，老師不能為達目的而信口開河、誇大不實、說話不負責，更不應油腔滑調、花言巧語。

「人際溝通與表達能力」是後天學得的「結晶智力」

現代教師只會「教書」是不夠的，還須具備「與人相處及合作」的能力。一方面因為「團隊合作」比「單打獨鬥」更能「事半功倍」，另一方面則為現實的考量，現今的學生及家長，已不像從前那麼「好講話」；加上教師常被委以學校行政的責任，必須與同事及外界「打交道」。

在成為正式教師之前的實習老師階段，如何與輔導教師相處，即是學習校園人際關係的起點。輔導教師通常會將實習老師視為「愛徒」，願意傾囊相授、悉心關照，但如果因一點小事而使彼此產生「心結」，就會影響日後的「師徒關係」。所以實習老師要自我收斂及懂得感恩，莫把別人的協助視為理所當然。人際相處貴在「禮尚往來」，要別人怎麼對你，就得先那樣對人。尤其「不可挑剔及批判別人」，儘管不同意對方的想法，也不要急於辯駁，否則別人不僅不能接受你的意見，還會破壞人際關係。

「良師」，需要修練下列幾項溝通能力：

一、專業且優質的形象

教師的形象必須自信、親切、有說服力；女老師可化淡妝、穿上「美美的」衣著，男老師可穿「帥帥的」襯衫西褲，使自己更有精神與「魅力」。當然不必過於時尚或「引人注目」，以免學生無法專心上課。當然，教師形象不僅僅是外在的妝扮，更在高度的教育熱忱。如：

1. 態度親切和藹，使學生樂於親近。
2. 關心每個學生，願意額外付出時間及心力。
3. 包容學生的過錯，不輕易發怒。
4. 決心拯救每個學生，即使費盡心力。
5. 以同理心，了解學生的內心世界。

二、「人情世故」的練達

我擔任世新大學師資培育中心主任時，有些實習老師被視為「傲慢、自作聰明、不敬業」，而且被實習學校寫上：「被動、進步太慢」的評語，實習成績處於及格邊緣。不過實習老師多半不承認自己有問題，而認為是學校的偏見。每次碰到這種狀況，我都會先與實習學校聯絡，結果常被學校的主任、校長「指教」一番，提醒我們在師資培育階段，應多教導學生一些人情世故。

「人情世故」是指做人的道理，也就是：「嘴甜、腰軟、手腳快」。「嘴甜」是指碰到人要打招呼，與人交談時要保持微笑（即使意見不一致），多說讚美及欣賞的好話；「腰軟」是指態度謙虛，肯接受別人的建議與指導，不要急著辯駁，多向有經驗的人請教；「手腳快」是指不推拖事情，能主動配合及協助別人，願意「額外」付出（利用課餘時間，對學生進行課業及生活或適應上的輔導）。

有些人較有自我主張、敢言、不怕權威、服從性低，所以易與上司或資深同事意見不合。常常會指責別人、討厭別人，卻不思自我調整。因為工作上常與別人「衝撞」，結果雙方都傷痕累累，實在得不償失。

許多人誤以為要在人際關係「下功夫」，是指巴結、討好、遷就別人，所以不願意那麼「虛偽」。其實「下功夫」是指：願意與人親近、樂意與人共事、不計較多做一些、能與人分享自己的感受、多向人請教等，這些即是「親和力」的人格特質。如果平常不與人接觸，臨時卻要別人幫你解決問題，自然會遭到拒絕；被拒絕後若又覺得是別人虧待了自己，就更難自我反省，於是「人際不合」繼續惡性循環。

🍎 三、高「EQ」（情緒智商）的展現

許多人事情一多，就出現壓力症候群，如：不耐煩、易怒、自艾自憐、覺得受虐（被迫害、不公平）、懷疑自己；或覺得身心俱疲、撐不下去。然後開始逃避、拖延、抱怨，心情愈來愈苦。自己心情不好，哪顧得了別人的感受，更不用說「慈悲為懷」了（慈是「予樂」，悲是「拔苦」）。

如今教育及學校制度的改變，校長須參加遴選，家長及教師可加入校務決策，使得校園倫理觀念逐漸模糊甚至消失。師生之間、親師之間、教師同儕之間逐漸疏離、對立。萬一老師的情緒智商不夠高，則易因情緒失控而衍生更大的問題。

♜ 好父母都會注重「溝通技巧」

大多數父母是「單向溝通」，一味命令或指責子女。甚至仍有不少家長實施打罵教育，對孩子大吼大叫，說話口氣及措辭也毫不客氣，渾然不覺是否傷了孩子的自尊及自信。

孩子入學後，父母若是真正關心兒女，就應與學校密切聯繫；所以，如何建立親師關係？如何表達不同的意見？如何與導師及各科老師溝通協調？如何與學校合作、請求老師的幫忙？都是好父母必修的說話課。高學歷的父母並非就善於溝

通，有時反因自視過高，而對老師不尊重。一旦親師溝通不良，有些會逃避與老師接觸，有些則會對老師消極反抗，最後危害的，仍是自己無辜的子女。

「好父母」的溝通能力，表現在下列幾項「態度」上：

一、對孩子的同理心及鼓勵

對兒女一味斥責、施壓，只會矇蔽了眼睛與心靈，看不見孩子的優點、困難及苦悶。若能多關心及參與孩子的生活世界，從孩子的休閒嗜好、人際關係開始，就能逐漸觸碰到孩子的心靈深處，了解他對自我形象及人生目標的憧憬與困惑。因了解而慈悲，愈了解就愈能對症下藥，給予具體、有效的協助。「霧裡看花」，只是加深對孩子的誤解、加大親子間的代溝。

以我的女兒鈞怡來說，她非常喜愛「五月天」樂團，我除了跟她一起聽「五月天」專輯，學唱「五月天」歌曲（目前已會唱三十多首歌，包括 2006 年底的最新專輯「天使為愛而生」），還協助她蒐集「五月天」的相關訊息，如剪報及書籍。她非常嚮往「五月天」成員所就讀的高中——師大附中，所以決心用功讀書，也考進師大附中；因著「五月天」的激勵，她對課業十分投入，表現也相當突出。我非常感謝「五月天」，

真想給他們一張大大的謝卡。

另外，女兒也狂愛漫畫，我們非但不禁止，還幫她整套的蒐集，舉凡書店、書展、舊書攤、網路，都是搜索的目標。也因此，不僅讓她擁有不錯的休閒活動，不會沉迷網路遊戲；還因此決定，以繪畫為她的終生志業。女兒閱讀的範疇，也因漫畫的情節而擴充至藝術史、藝術家傳記、藝術作品評介、博物館介紹等。

父母參與子女的生活世界，才知道從哪裡下手，正確的幫助孩子。

🍎 二、與配偶的恩愛與互助

健全和諧的家庭，來自父母對婚姻的用心經營。夫妻間有太多瑣事，導致衝突及不愉快；若不願容忍及設法解決，兒女每天活在詭譎的氣氛，就難以專心讀書；總擔心父母不和的狀況會波及自身，或想為父母分憂解勞卻不知如何是好。

若父母的 EQ 不高，無法處理自己的問題，如何奢望子女處變不驚，或要他們好好讀書？學生的問題常來自家庭問題，也就是說其實是家長有問題；因此，親職教育也該是國民教育及社會教育的重點。預防勝於治療，再多的社工人員或社會救助，也趕不上受虐兒及青少年犯罪的激增！

三、與老師的聯繫與合作

家長與學校要密切配合，才能事半功倍、相得益彰。而今老師最大的困擾，是要承擔原屬父母的親職，如：準時上學、飲食與健康、家庭作業的檢查與督導、生活教育等。更嚴重的是，學生的價值觀念及道德表現偏差時，往往已「冰凍三尺，非一日之寒」；就算老師有心矯治，若無家長的密切配合，再有良心的老師，在「投資報酬率太低」的情況下只好「轉投資」。所以家長不要責怪老師對孩子有偏見，甚至誤會老師放棄孩子；這是因為，老師看不到家長的努力與誠意啊！

四、關心並幫助孩子及他的同學

家長除了關心自己的子女之外，若能「幼吾幼以及人之幼」，奉獻心力及時間給其他同學，則「蓬生麻中，不扶而直」，不僅自己的孩子不會變壞，還能扶正別人的孩子。我常「藉機」與女兒的導師接觸，表示願意分憂解勞；所以自女兒八年級上學期起，我利用每週一早自習約一小時的時間，到女兒班上當「數學志工媽媽」。而且還「認養」了幾個孩子（或自發好學的孩子），放學後或週六，到家中來個別指導。前兩天，孩子們到了晚上七點「還不肯走」，我看到先生鐵青的臉色，當晚就寫了封信給他：

興梅吾夫：

你是不是不高興鈞怡的同學到家裡來？你是不是覺得我實在管太多了？

我為什麼要管別人家的小孩數學會不會、功課好不好？那是因為，我想把鈞怡的幸福與其他孩子分享。鈞怡的幸福來自她有個好爸爸，才讓我有時間、心情，不僅教好鈞怡，還有餘力幫助別人。當年鈞豪就沒有這麼幸運，因為你不在家，我忙於工作及照顧鈞怡，加上父親的重病，讓我無法教兒子數學、陪他寫功課，反而一天到晚罵他，要他承擔課業成敗的全部責任。我沒有鼓勵他，只給他更大的壓力；我很愧疚，如果可以重來，真希望對鈞豪更好一點。

所以，謝謝你退伍回家了，我才有餘力照顧其他像當年的鈞豪一樣的孩子（甚至更可憐），請你不要生氣好嗎？鈞怡的同學都知道她有一位神奇的好爸爸喔！

妻　淑俐　敬上

2007.1.17

參考文獻

傅士哲（譯）（2005）。K. Bain 著。如何訂做一個好老師。台
　　北：大塊。

鄭其恭、李冠乾（1993）。教師的能力結構。廣東：廣東教育
　　出版社。

饒見維（1996）。教師專業發展──理論與實務。台北：五
　　南。

CHAPTER 03
學校也要重視「公共關係」

　　每當發生教師體罰學生事件，校方對於記者的採訪及電視新聞的報導，心情一定是五味雜陳，真希望媒體能「手下留情」。

　　大企業設有公關部門，做為接待、推廣、公開發言、敦親睦鄰（與鄰近居民及機構建立良好關係）、申訴受理、危機處理之用。如今，學校似乎也有設置公關部門的必要了。私立大學最早設置「公關室」，逐漸擴及到公立大學。中小學與家長的接觸愈趨頻繁（或說家長愈來愈「勇於」參與），親師間因教養觀念及方式落差，常有「需要溝通」的機會。尤其在《教育基本法》明訂「教師不得體罰」之後，不論是教師與家長之間，最好都能「平時多燒香」，常常來往與商量；才不致於「勞駕」媒體記者或民意代表，做為溝通的「媒介」。

　　教育本是「人際合作」的工作，老師在校內要面對各種「樣貌」的學生、同事、學校行政人員，校外則有家長、社區人士或關懷教育的民間社團等；想要「面面俱到」，確實不太容易，而且困難度還在持續增加當中。但至少要避免被討厭甚至排斥，有誤解時要儘快澄清；積極的則更希望贏得敬愛及支持，使教學的心情及效率均能提高。想要達成這個目標，就得靠「公共關係」的技巧了。

　　家長亦然，若希望老師多了解與關心自己的子女，即須適時提供資訊給老師，或向老師提出合理的請求。不要只是被動的等待，也可利用各種管道（如：家長日、班親會、親職講座、學校園遊會、聯絡簿、電話請教、教師節賀卡等），主動與老師聯絡。家長應向老師「自我行銷」，使學校覺得我們是關心子女教育、願意配合學校，肯為子女及班上付出心力的好家長。

愈進步的學校愈重視公共關係

　　下列教育生態的改變，促使想進步（不想被淘汰）的學校，開始加強「公共關係」。

🍎 一、「少子化」衍生的「市場競爭」

因為生育率下降，學生人數逐年減少，所以學校更要注重「敦親睦鄰」，加強親師情誼，運用家長資源，建立學校的「好口碑」。而且還要主動「自我行銷」，利用各種「公開發言」的機會，為學校宣傳，以鞏固老客戶、爭取新客源。

🍎 二、親師關係已演變為較平等的「夥伴關係」

從前，教師只需認真教學，即可獲得家長無條件的支持與尊敬。而今卻常見家長與「認真的老師」起衝突：老師愈堅持原有的理念與主張，愈容易與不同想法的家長「格格不入」。所以，老師必須保持客觀及彈性，才能與家長相談甚歡、合作愉快。

🍎 三、校園危機事件易受社會矚目

「尊師重道」雖日漸式微，但社會對教師的道德要求仍高，教師的不當行為會受較多的譴責，如對學生的性騷擾、體罰或辱罵，而造成學生身心受創等。學校平時即應儲備公關人才（發言人），以便危機發生時，擔任對外發言、協商、談判之用。學校公關人員除了口齒清晰、態度莊重之外，還要善於面對媒體、家長、民間團體、民意代表；才能化險為夷，維護

學校的形象與聲譽。

❹ 四、個人權益觀念致使校園衝突事件增多

現代學生、家長、教師等，均可能為了爭取個人權益，出現拉布條抗議、對立、控訴等現象。如今學校要將抗爭及申訴事件視為常態，以平常心看待。處理過程可能相當複雜與漫長，所以要「正常」過日子。私人情誼仍可能由濃轉薄，甚至破裂、分手，何況是公共關係？在感情基礎薄弱之下，若沒有特別的努力，忽視潛在問題或坐視問題惡化，後果難以收拾。所以平日要在親師、師生、教師同儕等公共關係上更加努力，積極的可增進教育效果，消極的可避免人際衝突。

♟ 「平時多燒香」的公關藝術

光仁中學校長林山太，擔任國、高中校長達二、三十年，不論他離開哪所學校，都令全校師生依依不捨、懷念不已。我的學生秀鈴說，她就讀新店高中時，林校長已經轉任到板橋高中當校長了，但她還常聽到老師及學長姐提到林校長有多好。因為，林校長會記得每位老師的生日，會親自寫生日卡送給老師；林校長每天早上會在校門口迎接學生，跟每個學生打招

呼。你看！校長注重人際關係，贏得老師及學生的愛戴，提升辦學績效。

中國人「無事不登三寶殿」的觀念，致使平時的人際接觸不足；等到「必須」互動時，容易因防衛心理而彼此不信任，不易相互合作。我擔任世新大學師資培育中心主任時，就常發現某些實習老師在人際關係上抱持「保持距離，以測安全」的態度，因「平時不燒香，臨時抱佛腳」，所以一旦「必須」與人溝通時，大家對他沒什麼印象（甚至誤以為他較冷漠），所以「不願意」或不知如何為他解決問題。

舉例來說，實習老師Ａ覺得實習學校「虐待」了他、侵害了他的權益，想要討回公道。經我居中協調，事情雖得到部分解決（不知Ａ是否滿意），但學校先前對Ａ的「負面印象」，就更不易扭轉了。校方覺得Ａ平時的人際關係努力不足，才使問題擴大。

親師之間也常有這種現象，我曾到某國中為班級家長代表演講「雙贏的親師合作」。我鼓勵家長積極推動「班親會」運作，與導師密切合作，提供班上課程之外的學習經驗。會後，有位家長代表面有難色的說：「『還是』要積極推動班親會的運作嗎？」我一時不解，這位爸爸「還是」的用意何在？他接著說：「可是，導師不喜歡我們『干涉』他的教學啊！其他的

家長代表也有類似的困擾。」也就是說，家長雖想跟導師合作，但老師覺得：教學屬於教師的專業，家長最好不要介入太多。這當中也許有些誤會或溝通不良，如：老師覺得家長過於寵溺孩子，甚至對家長的「無理要求」感到萬般無奈。但老師若因這些負面特例，就阻絕了親師合作的機會，該有多麼可惜啊！

老師注重人際關係，能贏得學生、家長及同事的愛戴與協助，進而提升教學效果。以「多元智慧」的理論而言，教育工作即屬於須具備高度「人際智慧」的職業。教師能否客觀「自評」人際智慧的高低？「自評」與「他評」之間有否差異？與人發生衝突時，老師能覺察自己在人際相處上需要改進的地方嗎？

公共關係不良的負面影響

其實，人與人之間難免話不投機，衝突是不可避免的（包含明顯及潛伏的），重要的是「衝突管理」。管理得好，衝突具有「不打不相識」、「相輔相成」之效；管理不好，則會使人際裂痕及對立加深，「內耗」及「內鬥」之下，後果不堪設想！

僵局形成時，很少人會承認自己也要負責（甚至是大部分的責任），常為了保護自己而更加敵視對方。我從前常處理實習老師的人際衝突問題（與學生、家長、實習輔導老師、主任及校長等），但實習老師大都一再強調：「不知道自己犯了什麼錯？」（以肯定句而言：「經過反覆思考，實在想不出自己哪裡有錯？」）這樣的心態，使得衝突更難化解；最後通常是在彼此「面和心不和」的情況下，等待著實習結束、事情不了了之。這當中仍有人忍不住而想「報復」，弄得自己心情很差，彼此關係緊繃。

我居中協調時發現：「雙方」都覺得自己很「倒楣」，很少人能不指控對方而虛心認錯。但教師生涯中有如此「慘痛」的經歷，可能會形成心理陰影，影響日後的教學及人際互動。「一朝被蛇咬，十年怕草繩」，對於人際交往會產生戒心，不容易信任別人，較難與人建立和諧關係。

我教授「教育行政溝通專題研究」、「協商技術與衝突管理」等課程時，覺察到近來校園不和諧的狀況增多。從衝突理論的演進可知，現代社會強調自由、自我、民主、多元，所以人際衝突較易引發；但結果不必然是悲觀的，只要勇於面對，處理得好也常能發揮正向功能。因為，組織過於平靜、沒有衝突，也許只是隱忍；更糟的是，成員間變得相互猜疑、漠不關

心（德蕾莎修女說：「愛的相反不是恨，而是冷漠。」）。然而，衝突的好處如同沙河淘金，得把沙礫篩掉才能享受收成。並非顆顆砂礫皆是金子，次次衝突皆是好事。所以，「迷信」衝突功效的人，應先評估能否「收放自如」、「見好就收」，以免成為反對主義者，破壞了團體的合作。

 ## 現代老師都得是溝通高手

誰也不願成為破壞份子，誰也不承認自己是麻煩製造者，但，捫心自問，下列狀況是否並不陌生？

◎ 當我們慨歎同事感情淡薄，自己又花了多少時間、心力，與同事建立交情？

◎ 當我們慨歎家長不關心小孩，自己又花了多少時間、心力，了解學生的家庭背景？

◎ 當我們慨歎學生不用功讀書，自己又花了多少時間、心力，協助解決學習困擾？

◎ 當我們慨歎學生不尊敬老師，自己又花了多少時間、心力，與學生「搏感情」？

◎ 當我們慨歎學校行政人員不尊重教學，自己又花了多少時間、心力，支持校務推動？

◎ 當我們慨歎社區髒亂等問題影響教學，自己又花了多少時間、心力，協助社區改善？

◎ 當我們慨歎主任、校長的威權心態，自己又花了多少時間、心力，「設身處地」了解他們的處境？

當我們對家長、學生、同事、學校行政人員、社區感到失望時，怎知他們不也同時對我們搖頭嘆息？所以，相互指責及推卸責任，永遠不能解決問題。校園人際困擾，會造成實質的對立及心中的鬱悶；但為了避免衝突，而使人際之間總是「保持距離，以策安全」，只會漸行漸遠，因「不了解」而愈加「不協調」。所以，要避免溝通問題的擴大，老師皆應體認屬於「我」的責任，積極建立良好的公共關係，包括：

◎ 更關心及幫助學生，尤其是那些拒絕及誤解我的學生。

◎ 讓家長更了解我對孩子的關心，及與家長合作的誠意。

◎ 與其他老師形成堅強的教學團隊，擴充我的專業知能及內涵。

◎ 與學校行政人員共同達成學校願景，自己也有兼任行政職務的機會，所以更應相互體諒與支持。

◎ 理性、冷靜的判斷人際衝突之原因，承擔屬於自己的責任。

◎ 成為促進校園人際和諧與合作的推手，即使遭遇誤解仍

知所應為。

馥茗恩師一再提醒我：「不管看到再多的不合理狀況，仍要在不合理中做合理的事。」所以，不要只是抱怨，而要注意自己是否堅持做「對的事情」。

結婚二十年後，我開始有婚姻危機；並非懷疑先生有外遇，夫妻之間也沒有爭執，只是感到情感漸漸變淡；我不否認這是正常現象，卻不願使冷淡變成常態。於是，我向先生撒嬌，要他買玫瑰花送我。你猜！他買了嗎？當晚我回家時，飯桌上出現五朵粉紅色的大型玫瑰，謝天謝地！我的婚姻還有救！接著，趕緊修補我與女兒、兒子的親子關係吧！

你的**溝通**有沒有用？

教師與父母的說話效能

CHAPTER 04
爲什麼家長「不敢」直接對老師說？

家長想對老師提出某些質疑時，大都擔心：「老師會不會覺得權威受損，甚至因此『遷怒』我的孩子？」家長有話不敢說，唯恐老師誤以爲不受尊重，引發親師衝突；更擔心老師因此放棄他的孩子，所以，有些事情就一直壓抑著。若間接向學校主任、校長反應，還要再三拜託：「千萬」別讓老師知道是誰提出來的；或乾脆不說自己是誰。學校行政人員接到這類「投訴」電話或信件時，將此情形轉告老師，常有「激動」或「冷漠」兩種極端反應，不太能冷靜、積極的回應家長，或儘快澄清某些誤解。爲什麼老師也「不想」直接對家長說？

♟ 親師溝通的隱憂

台中縣頭家國小校長錢得龍（2005），以多年的觀察發

現，是某些「教師性格特徵」，造成親師溝通的障礙。如：

1. **擅於指導**：老師對家長說話，常用「你應該」、「你讓
   他」、「你不必」等詞句；以指導、命令的口吻，幫家
   長做決定。

2. **難於妥協**：老師不願真的去體諒、讓步，怠忽家長的想
   法，輕估別人的困難；甚至將妥協讓步，當成是「師道
   淪喪」。

3. **多於防衛**：對於家長不同的意見，不是激烈抗辯、弄得
   親師衝突，就是冷漠消極、不予理睬，放棄家長也放棄
   了孩子。

4. **強於自尊**：老師從與天帝君親並列，到如今家長動輒質
   疑。自尊與自卑矛盾交雜，一面顯示孤傲不群的傳統驕
   氣，又有退縮以求自保的卑態。

　　每個職業都有其性格特徵，上述「教師性格」在與不同行
業的家長接觸時，就可能話不投機或不經意壓抑了家長的意
見。錢校長還發現，老師與高社經背景的家長，最容易意見不
合。

　　親師溝通問題愈來愈嚴重，老師對於家長的動輒不從，

很難接受。家長認為老師只是教學行業，應該平等對話。……老師對家長的意見或批評容易反應激烈，若家長是高社經族群，那衝突就更難避免了。這種溝通障礙，讓老師與家長產生情緒困擾，而弱化了教育效果。

親師衝突的圓滿結局

高社經族群的家長，較有確信不移的教養觀念，對於老師的想法及做法，不一定全盤接受。而且他們較敢表達意見，所以給老師一種「動輒不從」的印象。另外，他們也較懂得利用「教育及學校行政資源」，讓老師認為是特權及施壓，增添了老師的工作及心理負擔。

我與孩子的爸爸都是教授，女兒上國中一年級時，我們與導師因為某些管教理念不同，而有了意見衝突。起初確使我們在情緒上備感困擾（包括女兒在內），也許導師對於家長的「不能配合」也會困擾吧！女兒擔心導師因此不喜歡她而淚漣漣，孩子的爸爸心疼女兒而跟著著急，要我快想辦法。於是我寫了一封長信給導師，老師雖沒回信，但由我每天對女兒的觀察及「小心翼翼」的詢問，發現一切平安。但事情畢竟沒有真正解決，我可以「假裝沒事」，繼續駝鳥心態、粉飾太平，但

覺得更應積極重建親師關係，增進彼此的了解與合作。

不久，機會來了。女兒的聯絡簿上寫著：「有否家長願意到班上，為同學做『職業分享』？」我趕緊問女兒，有人報名了嗎？女兒說，老師前幾天就要同學回家詢問，顯然家長都很「謙虛」，沒人報名。這回我可要「把握良機」，於是立即在聯絡簿上「請求」導師讓我參加。「職業分享」那天，我帶了一些「伴手禮」給女兒的同學，當然也準備了一份給導師（結果全給學生分享啦）。一節課當中，我三句話不離「讚美」導師一次：「上課秩序好，老師管教得宜」、「同學有禮貌，老師帶頭示範」、「黑板擦得好乾淨，老師領導有方」。女兒不禁說：「哇！媽媽！你巴結導師的樣子好露骨啊！」謝天謝地！導師也應該感受到我的誠意吧！

我積極的向老師「示好」，加上女兒循規蹈矩的形象，希望能讓導師接納我這個家長。接著再乘勝追擊，除了「伺機」探訪導師之外，更「自投羅網」，表示願意幫導師「分憂解勞」。就這樣，自女兒八年級上學期起，我開始到班上擔任「數學志工」。一學期下來，在高額獎金的助力之下，「幸好」成績有了顯著進步，也算對導師有了交代（當然我是竊取數學老師的功勞囉）。我會再接再勵，只要導師覺得需要，就繼續出錢出力，陪孩子們玩數學。

私立學校老師比較注重親師溝通？

　　錢得龍校長也做了公私立學校親師溝通狀況的比較，他說：

> 私立中學老師每每要拜訪新生家長，展現謙卑熱誠，只希望貴子弟能來接受教導。這些發揮到極致的溝通技巧，公立學校老師通常無法體會。

　　為什麼公立學校的教師無法體會？其實，目前「少子化」趨勢、辦學績效的要求，以及私立學校積極「搶食畢業生大餅」等現象，使教育界進入市場自由競爭的時代。國高中校長、主任，必須「藉機」（畢業典禮、校慶、校運等）到中小學「招生宣導」。即使是明星學校也無法穩如泰山，還是擔心「新秀」學校（包括「新設」及「少康中興型」兩種），產生「長江後浪推前浪」的效應，不敢再「輕敵」，因為驕兵必敗啊！

　　最後，錢校長做了一些親師溝通的建議，如：

1. 若家長對老師有成見，涉及非理性成分，老師須以耐心待之，並多次證明及解釋。

2. 在家長面前提起孩子時，要先挑好的說，多給家長及孩

子讚美。

3. 面對新班級新家長，老師的談吐舉止、服裝儀容、服務態度都要注意，給家長留下好印象。

4. 開學之初寫封信給家長，或勤於電話訪問，都能安定軍心。

5. 主動接近家長，增加親師接觸。

親師合作的甜果

上述親師溝通的工作，雖不屬於教學範圍，增加了教師額外的負擔。但仔細想想，若能辛苦在前，往後就愈能享受「親師合作」的甜果。所以下列付出，將使老師「先苦後樂」，如：

1. **塑造專業形象**：《總裁獅子心》一書作者，亞都麗緻酒店總裁嚴長壽認為：工作人員應比被服務者更注重穿著（英文為「over dress」）。依此類推，老師與家長接觸時，要比某些高社經背景及上班族的家長，更注重穿著。注重並非要名牌華服，而是表達對教育工作的敬業態度，塑造教師的專業形象。所以老師平日即要適度著

重穿著及妝扮，展現內外皆美的樣貌。

2. **勤於溝通**：不論書面、電話、當面等，老師要運用各種管道與家長經常互動、保持聯繫。讓家長覺得老師熱情、積極，樂意與家長溝通；更可因「平時多燒香」，收「預防重於治療」的效果。尤其遇到某些「特殊家長」，更要主動溝通，千萬不要逃避。

3. **建立合作關係**：不論是使表現優異的學生「精益求精」，或糾正某些偏差行為、協助弱勢學生等，都需要與家長共同合作，才能事半功倍。但要小心，不可讓家長有被貶低、指責的感覺，以免引起家長反彈。最好多說優點、少說缺點，尤其是在初次見面時。以導師而言，與學生相處的兩三年內，可與班親會合作，安排一系列親師聯誼及座談，增進親師情誼與默契。見面三分情，一旦有事才可能合作。

親師關係不僅是消極的避免衝突，以為「不相往來即可避免磨擦」，或「多做多錯，少做少錯，不做不錯」；更應積極安排「親師合作計畫」，使家長有更多機會到校了解及參與班級活動，如：校慶、校運、節慶（教師節、母親節、元旦等）、義賣活動、教學參觀日、親子運動會……。另外，學校

也可運用家長專長，協助學校及班級的教學或社團活動。當然，熱心的家長也可主動「拉攏」與老師的關係，不必被動等待。

美國的教師覺得：自己愈來愈被家長當成找麻煩的對象（不爽就打，2005）。達拉斯教師工會主席艾咪·波蘭德說：「我知道老師覺得自己像在壓力鍋內，對權威的尊敬已經改變，老師不再普遍受到尊敬。」由於親師之間的對話，愈來愈具有衝突性，所以美國各校積極推動「禮貌政策」及「避免校園衝突準則」，以未來趨勢而言，我國也應借鏡。

參考文獻

不爽就打，家長愛找老師麻煩（2005，4月15日）。聯合報，C7。

錢得龍（2005）。教師的人際溝通與人際吸引。師友月刊，459，44-49。

CHAPTER 04 為什麼家長「不敢」直接對老師說？

CHAPTER 05
我的「熱忱指數」有多高？

　　教大學已十七年了，我常應邀到大專院校，報告自己的「教學心情三溫暖」。才剛拿到博士學位時，「初生之犢不畏虎」，加上當時的學生都能盡力符合老師的要求，所以教學順利、愉快。逐漸的開始「事倍功半」，常常費盡了力氣，學生非但不領情，反而因為我的「苦口婆心」，而使師生關係緊張。我發現學生的小毛病愈來愈多，到了令人難以招架的地步。幾經努力均不得其法，不由得產生「自己已是黃臉婆」的錯覺，已比不上年輕老師對學生的吸引力。其實，真正的原因應是「心虛」，由於教學準備不足（兼任行政工作，以致分身乏術），或是對學生的學習需求及心理狀態掌握不住，所以無法真正「抓住」學生。不知身為教師的您，是否也有下列「教學倦怠」的現象呢？

「教學倦怠指數」

■「教學倦怠指數」自我評量

王淑俐　自編

「自我檢查」──有否下列教學倦怠或「耗竭」（burn out）現象？若有，請在【　】內打勾。

【　】1. 覺得學生難教、家長不負責或要求太多、教育政策變化太快、主任校長不關心老師、教師同儕很少相互支援等，不由自主的抱怨及生氣。

【　】2. 除非必要，不想和學生、家長、同事多交談；即使交談，也容易感到不耐煩。

【　】3. 莫名的發脾氣，容易與學生、家長、同事衝突。

【　】4. 對於工作感到不滿意，因教學工作一成不變而煩悶。

【　】5. 覺得疲倦、煩躁、敏感、情緒緊張，不想上課甚至懼怕上課。

【　】6. 愈來愈不了解學生，不太能接受學生的次級文化。

【　】7. 覺得學生的進步太慢，怎麼教都教不會；覺得大多數學生都不用功，一屆不如一屆。就算功課好的學生，也不懂得感恩及回饋；教學缺乏成就感。

【 　】8. 工作上有些困擾一直沒有獲得解決，想裝作沒問題，仍隱約感到不安。如：不知如何教導特殊學生、師生關係（或親師、同事）不和諧等。

【 　】9. 因自己的身心健康或私人問題（感情、婚姻、家庭、財務等），干擾了教學心情；又不希望別人知道自己的私事，影響個人自尊。

【 　】10.覺得有些工作是被迫接受的（如：兼行政職、帶學生社團、上某些非專長的課程、擔任某類班級的導師），又擺脫不掉。

　　我發現自己有多項教學倦怠或「耗竭」現象時，雖然花了一、兩年時間設法調適，但效果不彰。於是決定澈底改變，辭掉專任教授及主任的職務，改任「自由工作者」（2004 年 7 月起）；才終於有了更多時間及從容的心情，將注意力從昔日的行政工作（兼任九年的主任職），轉移到教學工作上。重新開始讀更多書，設計更多有趣、有深度的教學活動，讓學生上課更有收穫。我要求學生準時上課、不蹺課、上課專心（不要吃東西），更要求自己多準備相關教材、認真批改作業及給予回饋、課後多與學生會談、互動，讓學生覺得老師「好豐富」、「高關懷」。當我採取「破釜沉舟」、「洗心革面」的行動之

後，才又找回「學生很乖」的感覺。當然，每個人適應環境的方式不同，辭掉專職改為「兼職」，比較適合我。

教學倦怠或耗竭的原因

教學「耗竭」的原因，北京教育學院心理系（2000：347-350）的歸納如下：

一、職業因素

1. **外在的期待**：傳統上老師被視為崇高的職業，賦予相當多的責任。而今價值多元化，家長、學生、社會對老師的期望日趨紛歧，形成教師的工作壓力。

2. **角色衝突**：老師是知識傳授者、家長代理人、朋友與知己、心理治療者。在不同人的心目中，扮演著不同的角色，所以角色衝突與壓力在所難免。

3. **期望與現實的差距**：現今教師的成功具有不確定性，職業成就不像其他職業明顯，造成理想與現實衝突、工作成就感與工作疏離感衝突、自尊心與自卑感衝突。

4. **職業的低創造性**：教學本是高創造性的工作，但在教學實際中，許多原因限制了這種創造性的發揮。如：注重

知識傳授而忽略學生的個性培養、追求升學率等。

🍎 二、工作環境

1. **教學情境**：現代校園人際關係與昔日不同，學生較難管理、家長要求較多、同事情誼淡漠、學校行政加諸的負荷增多等。任一環節若曾有「過結」而未妥善處理，形成「心結」後，就會覺得沮喪、無力感與鬱悶。
2. **組織氣氛**：缺乏校長的支持，也是教師產生工作壓力與倦怠的主因。

🍎 三、個人因素

1. **人格特徵**：如 A 型性格者，因極端的挑戰性、爭強好勝、力求控制環境、時間壓力大、急躁，就容易焦慮、疲勞，覺得負荷過度。
2. **對社會能力的知覺**：教師知覺到學生的問題，雖努力卻無法有效改善，即會產生倦怠感。

雖然老師有任教專長，但不見得就擅長「情緒管理」、「溝通技巧」。而且老師一向被賦予完美的形象，不由自主會「否認」自己有問題。台灣大學心理系柯永河教授為文〈教師

的情緒管理〉說：

> 現代工商業社會的教師，不如從前農業社會的教師，那
> 樣受盡學生及家長的尊重。……
> 學生打老師，……在平常的日子裡也會發生。……家長
> 氣沖沖地跑進校長室大罵甚至打傷教師。……
> 位居主任或組長的人，……如果時運不濟，很不幸你的
> 下屬剛好是個自大、自以為是、反權威性格、我行我素
> 的獨行俠，則你的命令、你的好言委請，甚至你低聲下
> 氣的拜託，他們一概不理，好像他們才是你的單位主
> 管，與這樣的同事如何相處？

 ## 對症下藥，重燃教學鬥志

教學士氣低落，可能的原因是：

1. **身體狀況欠佳**：所以要趕快調整自己的睡眠、飲食，培
   養運動及休閒的好習慣。

2. **心情狀況不佳**：所以要趕快面對及處理自己一再積壓或
   逃避已久的問題，以免因遷怒或壓抑不住而情緒失控。

3. **事情太多而造成壓力**：所以要趕快學習時間管理，並量

力而為，以免把自己掏空了。

4. **目前的能力已不敷工作所需**：所以要趕快充電，學習教學、輔導的新技巧；或休息、度假，以免精力透支。

5. **校園某些人際關係不和諧**：好人緣不是天生的，需要後天努力。如：主動關懷與付出，容忍人際差異，將人際衝突轉為成長的力量。

　　就算原先教學的效果很好，若三、五年不變，不僅失去新鮮感，也會「不進則退」。所以「求新求變」、「窮則變，變則通」，才是教學的正確之路。要做改變的，是教學的「包裝」與「宣傳」，加上教學的「創意」及「彈性」，並非為了遷就別人而完全「改頭換面」。

　　其實，教學困境並不是件丟臉的事；自欺欺人、不承認問題的存在，才會使狀況惡化。到時候別人也不敢再提供建議，只會在背後竊竊私語。等到家長抗議、學生檢舉時，就一發不可收拾了。教學是專業，需要事前「準備」。「天份」不足恃，也不能只靠「經驗」；因為萬一犯錯，對學生、家長、同事及自己，所造成的損傷不一定能彌補。

減壓及舒壓的治本之道

工商社會的校園倫理不如往昔，若老師一味認定是學生不好、家長不好、同事不好，才導致人際相處困難，那麼就會繼續憂鬱下去。為了恢復心理平衡，老師得重新自我調適，學習減輕或抒發壓力，避免焦躁及憂鬱的累積。有效途徑如下：

1. **肯定自我價值**：女人易因「人老珠黃」而喪失自信，老師也常擔心跟不上時代而貶值。其實只要不迷信所謂「明星老師」的舊觀念，給自己「日新又新」的成長動力，即能創造新價值，獲得學生及家長的肯定。例如：費玉清與周杰倫合唱「千里之外」這首歌，即使是周杰倫的年輕歌迷，也會認同費玉清唱得真好。

2. **重建校園倫理**：老師應與學生、家長、同事「打成一片」，才能「知己知彼，百戰不殆」。抱怨或與人疏離，只會更加孤立無援。

3. **注重生活品質**：睡眠、休閒、家庭生活、運動等生活品質，才是工作動力的來源。提升生活品質，教學才能活力十足，與學生相處才能開朗樂觀，不會那麼容易「被激怒」或「不耐煩」。

4. **加強溝通技巧**：所謂「言多必失」、「禍從口出」、「得饒人處且饒人」、「人情留一線，日後好相見」，這些人際相處的智慧，都值得用心琢磨。

教師這一行承載著「己立立人，己達達人」的責任，所以得先把自己調整好。遇到教學、輔導或師生相處、帶班、學校行政等困難時，應儘快向有經驗、成功的前輩請教；這樣才可以較快解惑，不必硬撐而多走冤枉路或重複同樣的錯誤。請教別人不僅不可恥，還可藉著別人的經驗，收事半功倍之效。其實只要虛心求教，人人都樂意傳授訣竅。

找尋「楷模」自我激勵

找到適合的教學楷模後，可以隨時激勵自己。下列「傳奇人物」，對您是否適合？

【楷模一：黃麗香老師】

2005 年 1 月 31 日報載：台南市成功國小五十三歲的黃麗香老師，她發現一年級班上有十多位單親或隔代教養的學生，因家長忙於家計或無力教養，潛藏許多問題；於是她與家長溝

通，以自己能力所及幫助學生。如：課後讓孩子留校輔導功課，供應某些孩子午餐、晚餐，週休二日時，讓孩子住進家中。寒假期間，家中竟住了近十個孩子。黃老師說，只要家長同意，過年時她願意和孩子圍爐。孩子們都叫她「媽媽咪」，她的愛心感動了許多家長，也願意到她家中協助輔導孩子們功課。校長說，黃老師常為交不起學費的學生代墊。三年前成為虔誠基督徒的黃老師覺得：老師照顧學生是應該的，她這麼做是上帝的旨意（老師媽咪，2005）。

【楷模二：劉其偉先生】

身兼畫家、作家及生態保育家的劉其偉先生，總不顯老，他的老友作家兼畫家王藍說：

因為他不但一直保持一顆童心，而且也很虛心，也許這就是他能一直進步的原因。他的虛心，是一種發自內心的虔敬。

劉其偉真心喜歡教學，正式踏入教職已六十歲了。但他豐富的經歷（而且是「現在進行式」）、好學不輟的精神（不間斷的、充沛的求知欲），對學生的熱忱及認真，非常受到學生歡迎。楊孟瑜所寫《探險天地間──劉其偉傳奇》（天下出版）

一書中說：「學生們都喜歡他，樂於跟他交談，他也把學生當孫子一樣。」

南洋藝術學院的陳老師說：

很多人都很高興有機會接觸到劉老，這麼一位有學問、有修養，又能跟年輕人溝通的藝術教育者。

蔣勳說：

他只要往講台一站，就是一個活生生的典範。我要讓學生看看，一個藝術家可以活得這麼豐富而精采。

教育界的友人說：「他是真心願意把自己的經驗傳授給年輕人，喜歡和年輕人在一起。」他寬以待人，卻嚴以律己，他說：「我要學生寫出來對我的批評，考核我自己。」

有人描述劉其偉：「具有老年人的年齡，中年人的胸襟，青年人的活力，和孩子般的天真。」年輕學子都被他富於冒險及傳奇性的經歷，深深吸引。

　「想做」就「能做」

「非不為也，實不能也」，能做就多做，愈做就愈發現「可

做的事很多」。啓動 power 鍵，發揮教學的「能力」與「能量」，下列就是教育工作「多多益善」的好事：

1. **每天對孩子「布施」**：包括鼓勵及關懷的言語、笑容、陪伴（聽他說話或耐心協助克服學習障礙）、物質的獎勵或贊助等。

2. **以孩子的權益為最大考量**：認定每個孩子都是人才，盡一切心力協助其發揮潛能，尤其是「弱勢者」或較沈默而被忽略者。

3. **不斷精益求精**：一再改進自己的教學品質，不論多小的細節。

4. **不動氣而用智**：以「打草驚蛇」的方式，暗示學生的錯誤；如此既不傷學生自尊，又給了學生改進的空間。

5. **課堂外付出自己的時間**：可用來與學生建立感情、拉近距離，並協助學生解惑（學業及心理）。

6. **多花時間備課及改作業**：備課及改作業不僅是靜態的，還能使學生有課後的動態實習。老師的用功，會與學生的學習成果成正比。

參考文獻

老師媽咪，把單親貧生帶回家（2005，1月31日）。聯合
　　報，A6。

北京教育學院心理系（編著）（2000）。教師實用心理學。北
　　京：開明。

你的**溝通**有沒有用？
教師與父母的說話效能

CHAPTER 06

真心的付出，自然的回報

　　星期天早上，我舒舒服服的吃完早餐後，想看看電視，讓腦袋「再放鬆一點」。基於職業本能，看到一部名為「老師你好」的電影時，立刻停止了遙控按鈕。一看就「一發不可收拾」，中間拿了好幾次衛生紙，又擦眼淚又擤鼻涕的；幸好是從頭開始看，才不致有看不完整的遺憾。從十點半到十二點半，電影一結束，我就迫不及待坐到電腦前，記下心中澎湃的感觸，以免浪費那麼多真情的淚水。

♖一部好電影──「老師你好」

　　這是部韓片，敘述一位高帥的年輕男老師，被派到山區偏遠小學任教的情形。金老師不願待在這「無聊」（沒有任何文明世界的休閒活動），又沒有「油水」（家長普遍貧窮，沒錢來

討好老師）的地方；所以希望僅剩的五名學生趕快轉學（後來又自動加入一名爺爺級的「旁聽生」），學校關門他才能脫離苦海。於是他開始挖掘學生的「天分」（其實是藉口），努力說服家長將孩子轉學到大城市（片中為漢城）：說是不能浪費孩子的潛能，以免孩子怨恨父母。但是，在家庭訪問的過程中，金老師看到了家長的經濟困境，也體會出山中小孩純真的可愛。當學生看到他的辭職書，流露出希望他不要走的真情時，金老師被感動了，他對孩子們說：「以前在我心中，一直有個『壞小孩』困擾著我，使我常想辭職；而今我已經將那個壞小孩『釋放』，再也不想離開學生了。」他當著孩子們的面，將辭職信撕掉。

金老師的父親是位小學工友，當年他的老師為了勉勵小學生用功讀書，常指著窗外父親工作的身影說：那就是不用功讀書的結果：使年幼的金老師，自尊大受打擊。每當老師要約談父母，他情願挨打，也不要老師知道那個工友就是自己的父親。當他成為一名老師後，父親告訴他：「一個工友的兒子可以當到老師，做父親的感到十分驕傲。」

金老師到山上任教時，父親正臥病住在漢城的醫院裡。父親是他唯一的親人，每次電話聯絡，他都告訴父親，會帶學生去看他。可惜，當他接到醫院急電，已來不及趕去見父親最後

一面了。學生及家長都趕來漢城，到靈前跪拜致意；金老師十分感激他們大老遠跑來，家長們卻說：「沒什麼！大家都是一家人嘛！」當孩子們在靈前跪拜時，金老師再也忍不住的泣不成聲。

最後雖沒人轉學，但學校仍躲不過關閉的命運，師生們不得不辦個道別會。學生的不捨，以及那位爺爺旁聽生對他豎起大拇指說：「你真是一位好老師！」這情景，讓金老師覺得：「一切都值得了！」

什麼樣的老師，值得感念終生？

這部電影令我感慨萬千，因為在這之前，我的父親也告別了人間。我希望有人陪我一起送送父親，然而卻必須向學生「暗示」這個心願；幸好十幾位懂事的學生，從台北趕到台南，才使那天的告別式得以圓滿。我真慚愧不能像金老師那樣，讓學生及家長「自動」前來弔唁。當時我也正要離開教了五年的世新大學，比起金老師這才發現，自己不算是個好老師，因為我對學生的付出不足，所以並沒有多少學生說：「老師！你不要走！」也沒有辦什麼歡送會，這些都令我悵然。做為一個老師，我與學生是疏離的，這值得我好好反省及改進。

　　為了恩師賈馥茗教授的八十大壽，學生們一年前就開始籌劃，除了設立「賈馥茗教授教育基金會」，並出版五本祝壽論文集外，還有一整天的祝壽活動。在祝壽晚宴上，一百多位賈老師曾教過，如今個個已是校長、院長、系主任、教育局長等的學生，都前來祝壽，盡全力討賈老師歡喜。都希望生日這一天，老師能風風光光、高高興興。因為賈老師對學生的付出實在太多，學生對恩師的感念，絕非一天的祝壽活動能完全表達。

　　比起馥茗恩師及影片中的金老師，想想自己，實在差得太多了。有時，看到學生與其他老師親近，聽到學生讚美其他老師，竟然還會吃醋！其實，我是很努力教學的，在一百人的通識課程中，為了走入學生行列，我不使用麥克風（因為麥克風線太短）；為了能了解他們的學習心得及困擾，我每星期出作業及寫評語；為了督促他們勤學，我努力記住學生的名字。看到學生認真上課、寫作業以及精采的團體報告，知道他們進步就覺得好有成就感，深深覺得教學是件很有意義的工作。

　　老師的成就感，來自於學生能夠自我肯定，變得積極而快樂。尤其我的長子鈞豪讀大學且住宿在外後，更覺得大學老師責任重大。如同我希望別的教授能多照顧鈞豪，我也得多關懷別人家的孩子。

可以改進及精進的教學技巧

最近在陽明山教授「教學輔導教師研習課程」，三天相處後，這群資深優良教師給我的回饋，令我十分振奮。

端莊的儀態、合宜的服裝、閃亮的笑容、柔媚的語調，是王老師給人的第一印象。加上王老師又演又唱的，我們可是笑到最高點啦！

我覺得王老師的教學具有下列幾項特色，是我蠻喜歡的。如：親切有活力、教材生活化、歌聲動人、推己及人、重視家庭教育。

燦爛的笑容、開懷的歡唱、真心的暢談、內省的啓發。

王老師把所要傳達的觀念，以潛移默化的方式及多重的技巧，加上舉手投足之間，將艱澀的課程，以輕鬆活潑的態度啓發我們，真如武俠小說所形容的武功最高境界——無招勝有招。

謝謝誇獎！這些回饋將激勵我今後在下列事項上更加「精進」：

1. **認真的備課**：不僅精熟相關教科書，也要蒐集其他延伸的資料。即使科目名稱相同，新學期的上課內容及方式仍需「更新」。課前詳細備課，課後立即檢討，隨時隨地「備課」。

2. **多了解學生**：記住學生的名字，設計「貼心檔案」（學生資料卡），蒐集學生的「一手資料」，全程記錄學生的學習過程。利用「平時作業」了解學生的學習狀況及需求，利用課後時間多與學生「個別談話」（包括打電話及電子信箱）。尤其對缺乏學習動機或學習行為不當的學生，更要「及早」給予關懷與協助。

3. **設計「有效」又「有笑」的教學活動**：課程內容要夠專業，也要「寓教於樂」，讓學生能「欣然接受」。經常變換教學方式及設計學生活動，不僅使學生有新鮮感、參與感，更收「事半功倍」之效。

4. **多元化的學習評量**：除了段考、期末考等筆試之外，其他如平時作業、個別及小組報告、自我學習等，也相當重要（甚至更重要）。當然，老師更要認真批改作業（包含改錯字），給予個別化的回饋（包含解惑或補充教學）。

5. **保持最高的教學熱忱**：上課或面對學生時，如果有「累」

的感覺，就要快點找出原因或壓力源，可能是睡眠、休息、營養、運動不夠，以致體力變差、力不從心。也可能是專業進修不足（包含課程內涵、教學技巧、班級經營、學生輔導），以致事倍功半、吃力不討好。最好能固定「充電」，「能量」才會源源不絕。

當然，我也不會忘了好好練歌，繼續保持好嗓子來增添上課情趣。這點要感謝我的老師──國立台北教育大學音樂系裴尚芬教授，學習「聲樂」真是太值得了。

♟ 遭到拒絕才是成長的開始

我常到學校進行專題演講或主持工作坊，演講前後會看見一些「令人意外」的聽講行為，如：

1. 簽到卻不進入會場，或中途「自由」離席。

2. 坐的位置離講座很遠。

3. 看自己的書、做自己的事（包括改作業、閉目養神）。

4. 不肯看講座一眼，聽了笑話也不肯笑一笑。

5. 與旁座的同事討論事情。

還有些狀況，雖不意外，仍會感到難過。如：

1. 聽講「人煙稀少」（因為進修多為「自由參加」）。

2. 聽眾遲到。

我不想「責怪」別人，那只是推卸責任，落得「兩敗俱傷」。從教育專業的角度而言，我要檢討及加強的是：

1. 如何吸引別人「來」聽，或使人「來了想聽」？

2. 我要分享的，真的是別人想要接收的嗎？

3. 如何讓聽眾覺得，這場演講不是在浪費他的時間，進而覺得很有收穫？

4. 如何與聽眾建立良好關係，讓他們體會到我的善意？

前天回家時，我「一本正經」的跟先生說：

今天我終於知道，那麼多年來，我養的魚長得不好的真正原因了；原來是「燈」的關係啊！不能用日光燈照射，要用專屬的燈具。

女兒聽了立即回應：

你的魚一直養不好，原來是「燈」的關係啊！我的同學游思維書法寫不好，也說是「筆」的關係呢！

我一聽就知道女兒用的是「反諷法」，頓覺哭笑不得、慚

愧不已。才發現自己不論養魚、種花，都在「消耗」而未「生產」，幾年下來沒什麼長進；難怪讀國中的女兒，都能看出我的淺薄；何況是我演講時的聽眾呢？恩師賈馥茗教授知道我經常演講，一再提醒我：「要讀十本書講一場，不要讀一本書講十場。」看來我的修行還太淺，要用功啊！

你的**溝通**有沒有用？
教師與父母的說話效能

CHAPTER 07
主動求新求變

二十二歲時我教國中，當時只要賣力演出，就能成為受歡迎的老師。年輕的優點是：在體力和想法上，可以毫不費力的和學生打成一片（包括陪學生爬山、跑步、談心事）。

三十歲出頭我教大學，幾乎天天陶醉在「現在的教授都這麼年輕？」的美麗謊言中。仗著剛拿到博士學位的氣勢，教學真有「勢如破竹」之感。和大學生的年齡依舊相去不遠，輕易地又打入了學生的次級文化，跟著他們一起唱林強的「向前行」，真覺得「什麼都不怕」。

到了四十歲，本以為在教育工作上應已「修成正果」，沒想到竟成「昨日黃花」。這一驚「非同小可」，若再不能「驚醒夢中人」，就怕一覺醒來，就算曾是健步如飛的小白兔，也會被勤奮的烏龜給趕上。

何以發現自己「落伍」了？

何時開始有「教學危機意識」？因為發現到：

1. **教師節賀卡變少**：以前每逢教師節，我的卡片雖不致如雪片般飛來，但也從不必擔憂。還因為卡片太多，只能挑出部分來收藏。近年來，我開始有了憂患意識，學生會問我：「某某老師在哪裡？我要送他教師卡。」卻未「順便」跟我說：「教師節快樂」。我等得「望穿秋水」，才感受到教師卡得來不易。

2. **學生主動來談的機率變低**：從前我擔任學生輔導中心主任時，學生來談雖不致如「車水馬龍」，但是也「預約」滿檔。為學生分憂解勞雖不輕鬆，但我寧願身體疲憊卻心情愉悅。而今是好不容易才「逮到」一個學生，趕緊「挖心掏肺」，傳遞人生寶貴的經驗；但從他們無辜、無奈的表情，常讓我懊惱，自己怎麼那麼多話！

3. **選修課開不成了**：從前只聽學生說：「老師你的課好難選喔！好熱門喔！」系上也常拜託我提高選課人數，多收幾個學生。儘管想到改作業的負擔，仍苦笑著說：「好啦！好啦！下次不多收了喔！」近年來，我嚐到課

開不成的滋味。如今大學老師也有「選票」壓力，也要滿足「選民」的需求，看著學生就彷彿看到一張張神聖的選票。有時為了課開得成，發現自己竟在討好學生。

4. **學生的眼睛不太發亮了**：從前我一踏入教室，就能感受到學生的「讚嘆」。一開口，更能得到學生的服氣與認同；教學真是件很能滿足虛榮心的事。但現在我的講課像是「自言自語」，已無法從學生恍惚的眼神中看出究竟聽進多少。講著講著，我禁不住懷疑：我講的恐怕是他們最不愛聽甚至不同意的吧？包括笑話，講完後學生也沒有反應，我還要再一次接受他們連笑話都不想聽的「白眼」。學生一副愛聽不聽的表情，非常傷人。

5. **竟然開始和年輕老師吃醋**：從前我還年輕，體會不出「變老」的滋味。過了四十歲，就「敏感」的以為，自己在學生心目中，已不如剛拿到學位的年輕老師。想裝年輕，綁個浪漫的公主頭或穿上韓國娃娃裝，學生還會說：「老師！你好有媽媽的味道喔！」（是娃娃裝不是孕婦裝啊）然後當著你的面說：某某老師綁公主頭多麼清純，某某老師穿娃娃裝多麼可愛。唉！劉德華到底有什麼魔法，能夠一直保持偶像的地位？

6. **竟然和學生有了代溝**：與學生年齡逐漸拉大後，許多觀

念也愈來愈不一致。經常要花好多時間跟他們講道理，
如：為什麼不能遲到？為什麼要注重人際關係、工作倫
理？為什麼要多為別人著想、多付出？為什麼要遵守承
諾？為什麼……。奇怪的是，效果通常不大，下節課又
得「重播」。糟糕的是，學生會覺得：「別的老師都沒
有這樣要求，你的標準太高了。」；而且，「人不為
己，天誅地滅」（蔡依林在「看我72變」中，就是這麼
唱的），老師你為什麼要那麼「死腦筋」？

不變的教育法則

我該怎麼辦？難道「變老」也是一種罪過？如果怨天尤
人，從此就會淪入「恐龍一族」（稀有動物、即將滅種）；若
放棄自己的主張，跟著年輕人的感覺走，又覺得自己白長了年
紀。所以我決定有所「變」、有所「不變」，不變的是：

1. **更加關懷學生**：「愛」是教育的首要法則，老師不僅愛
   那些長相可愛、才能突出的，更要愛那些不起眼，甚至
   經常違規、被放棄或自暴自棄的學生。這些「道理」對
   於四十歲以上的我來說，應該較「容易」實踐。因為脾

氣已被磨掉許多，更有耐心來面對學生的種種問題，不會被他們的「怪異」表現所蒙蔽。「教育關懷工程」可做的事很多，包含各種形式的鼓勵、安慰、指導、協助（直接、間接、明顯、潛在）。四十歲以上的老師（或心理成熟度達「四十而不惑」者），應不再只求自我表現，而能盡力「回饋」學生。

2. **傳遞做人處世、安身立命的規範**：年紀漸長，「歲月教會沉默」，就不再那麼「自以為是」、「憤世嫉俗」的批評或埋怨別人了。老師要當學生的人生「嚮導」，將自己「探路」的經驗傳遞給學生；因為，若無人指引，學生可能走錯路、無法回頭，或多走冤枉路而錯失良景。告訴學生安身立命的訣竅，使學生過得幸福，是老師責無旁貸的任務。

3. **百年老店更需「日新又新」**：金庸小說為何歷久不衰？因為儘管金庸先生已不再年輕，卻能不斷修改自己的作品，得到年輕朋友的擁戴。我們可以效法金庸，在某一領域成為真正的專家；才能「真金不怕火煉」、「發憤忘食，樂以忘憂，不知老之將至」。教育工作不如一般人想像的輕鬆，如何充實教學內涵與技巧？如何引領學生產生學習興趣、發揮潛能、塑造健全人格？如何自我

涵養，成為學生典範？如何培養第二專長、多才多藝？
如何了解時代脈動及學生心理？「學然後知不足，教然
後知困」，教師不僅要學生寫功課，自己更要多做功
課。

 ## 應調整的教育方式

現代教師應該有所調整的是：

1. **更注重師生關係，深化師生情誼**：建立師生關係，不僅
   為了贏得學生的尊敬與喜愛，更在於看重學生、給學生
   希望。所以我要儘快記得學生，從親切的呼喚名字開
   始，拉近師生距離。然後利用課餘時間，以各種方式深
   入認識學生，如：聊天、個別談話、參加學生活動、邀
   請學生到家裡坐坐等。這樣才能了解學生需要什麼而
   「對症下藥」，給予他所需的協助。「知人知面」猶可能
   「不知心」，何況若不知道學生長得什麼樣子，如何與他
   交心？

2. **從「輸入」到「輸出」，授課過程更民主化**：將教學澈
   底改變為「以學生為主」，包括授課內容、方式、評分

等。多聆聽學生的聲音，多聽取學生的建議，使每個人的學習需求得到滿足。訂定「行為契約」，使學習回歸為學生自己的事。平時多「潛入敵方」，似無意卻有意的「混入」學生當中「刺探軍情」，才能更清楚學生在想什麼、需要什麼。總之，多聽少說，多認同少批判，多商量少命令，多鼓勵少責備。

3. 以更柔軟的方式，營造出感動人心的「學習情境」：老師要付出更多行動及愛心來感化學生，包括溝通技巧及說話藝術。不要義正辭嚴的批判及否定，而要以給他機會、幫助他成長的愛心，給予提醒與建議。現在的學生有更多成長的困惑，外表「酷酷的」，不表示他什麼都懂、不需要幫忙，只是他們不喜歡長輩的批評與教訓而已。所以，現代老師要主動「靠近」學生，次數多了，學生自然會放下防衛，向你傾吐心聲。四十歲以後（或有四十歲成熟心態），我要更「平民化」，從「看重自己」轉為「看重學生」。

我是離不開學生的啦！即使教了二十多年（包含教國中及成年人），仍像追求戀人一樣，一直在捉摸、揣摩學生的心思，這場戀愛怕是談不完了！

CHAPTER 08
人格特質與溝通技巧

我是世新大學的兼任教授，最近收到學校寄來的「世新大學教學評量辦法」（2006年1月5日，校級教師評審委員會議審議通過），使我「不得不注意」第六、七條——評量後的「結果」。

第六條：專任教師有二分之一以上課程於教學評量未達
　　　　標準時，應經教學卓越中心送請專家進行教學
　　　　診斷及輔導。兼任教師教學評量未達標準時，
　　　　於次學期不予續聘。

第七條：教學評量經本辦法第六條輔導後仍未有效提升
　　　　者，經校教評會同意，得進行下列處理程序：
　　　　一、第一學年度不得超支鐘點及校外兼課。
　　　　二、第二學年度不予晉級。

三、第三學年度提請教師評審委員會依規定辦
理解聘、停聘、不續聘之審議。

看了這兩條，我不由得開始憂心！因為，專任教授還有三年輔導期，兼任教授則「教學評量未達標準時，於次學期不予續聘。」於是我趕緊打電話詢問：

1. 教學評量的依據為何？除了目前實施的學生對老師教學評鑑之外，有沒有其他方式？

2.「未達標準」的定義為何？「標準」又是什麼？

得到的答案是：教學評量的依據，對專任教授而言，「也許」還會考量其他績效，如：輔導學生、研究成果、行政、服務等；兼任教授恐怕「只能」憑著學生對老師的教學評鑑了。至於何謂「教學未達標準」？該同仁安慰我：「你應該沒問題啦！」當我「謙卑」的再問：「其他兼任老師有否同樣的擔憂？」（怕自己不被續聘啦！）該同仁很快的回答：「沒有！」彷彿大家都很有信心，只有我一個人「心虛」。總之，以我兼任教授的處境，從此以後必須特別注意「學生觀點」了。

受學生愛戴的好老師

最近看了一本好書——《我的七個美國老師》（黃痊愈、陳彤譯，2007），更強化我「注重學生觀點」的結論。作者是華裔美籍的高二資優生黃礦岩（暱稱礦礦，十年級——即國內的高一）。五歲移民美國，在美國受教十一年的學習生涯，讓他更有「主見」能對老師「品頭論足」。他說：「老師總是會去評價學生的，做學生也當然應該對自己的老師有所評價。」他將老師分為四個類型：

第一種老師：**以謀生為目的**。這種老師視教書為謀生手段，是用以養家糊口的職業。只要能把飯菜放在飯桌上，什麼學生、學校、教書都是次要的。

第二種老師：**以自傲為動力**。這類老師工作很努力，可能很出色。他們自傲的原因，是因為害怕失去面子。問題是：學生最愛挑老師的不是，面對「不聽話」的學生，這種老師很容易失去耐心。

第三種老師：**以教育為己任**。這種老師在教書的過程中，很注重以個人的人格力量去改造別人。他們不僅向學生傳授知識，更重要的是：試圖告訴學生怎麼做人。

第四種老師：**以愛為根本**。這是一種以養育自己孩子的心

態，去教育學生的老師，有著強烈天賦的愛心。

　　礦礦認為第二、三、四種，都是好老師。書中他描述的七位老師中，只有一位是第一種老師。對於那位老師，他給予嚴厲的批判：「如果她也算一個老師──自然科學課的斯小姐」。其他如：幽默的、故事大王、比手畫腳的、老頑童等特質的老師，都是他心目中的好老師。當中有兩位，他認為每一個學生都會愛戴。一位是「愛的奴役──英語老師愛波倫絲太太」，另一位是「我終身的良師益友──羅恩·亨利克先生」。

　　愛波倫絲太太是個「愛的奴役」，所愛的是那些與她沒有親緣關係的孩子。礦礦說：

愛波倫絲太太愛她的學生，學生們也喜歡愛波倫絲太太。她的課堂裡，每個人都感到像是在自己家裡一樣。

　　羅恩·亨利克先生是礦礦認為從未遇過的好老師，甚至沒有缺點，就連比爾·蓋茲也無法取代。礦礦說：

他一直是我生活中一個實實在在的楷模與鼓勵者。……我甚至不能從他身上找到一點點小毛病。如果讓我在亨利克先生與比爾·蓋茲的生活中做一個選擇的話，想都不用想，我將在一百次裡一百零一次選擇亨利克先生的生活。……他是老師中的一顆珍貴寶石。我能遇見這樣

的老師，眞是三生有幸。

好老師全心全意為學生設想，盡全力幫助學生、啓發學生。礦礦說：

> 亨利克先生是一個眞正在學校教書育人的老師，他不只是教社會研究課，他還教會了我，一個男子漢能做到什麼。……一個偉大的老師會懷著一切爲學生好的觀念，在任何情況下幫助學生。

好老師的人格特質

1. 沒有私心，完全爲學生著想

礦礦認為好老師的特質是：「無私、謙虛、快樂和誠實，這是我能想出來的描述亨利克先生的形容詞。」

2. 情緒穩定，具有幽默感

羅恩‧亨利克先生能「瀟灑自如的運用幽默，就像是運用一件鋒利雪亮的武器」。

礦礦說：「我從來就沒有見過愛波倫絲太太生氣。事實

上，她從來就不生氣，那是因為她沒有生氣的緣由——沒有哪個學生想讓她生氣。」

3. 對每一位學生同等的關心與對待

礦礦說：「愛波倫絲太太是個 people person，也就是說，她是一個能理解人的人。她只要上了個把月的課，就會知道全班每一個學生的個性。」

女兒鈞怡讀了這本書後，也想說說自己十一年來（包括幼稚園三年）的學習經驗中，什麼樣的老師算是好老師。如：

◎ 國小中年級的魏老師，她能將愛平均分給每個學生，常常關心及叮嚀學生。

◎ 國小中年級的美術科陳老師，她雖然很嚴格，常常將同學的作品退回重做。但她能看出學生繪畫的缺點，而且相信學生有能力畫得更好。

◎ 安親班的美術課倪老師夫婦，他們能用各種方式引發學生的創意。例如：用一些看起來像破爛、廢物的小玩意，拼湊成為某樣東西，再把它畫出來。或者在畫畫之前先講個故事，再將故事延伸或把故事的情境畫出來。

◎ 國中的生活科技科曾老師，他雖然教的不是主科，但還

是很認真教學，努力引起學生的學習興趣。

◎ 國中的導師高老師，她很注重生活教育，經常提醒學生
要有感恩的心。

◎ 國中的英文科蕭老師，她溫柔又親切，十分尊重學生，
讓人想要認真上課。

好老師可以後天養成嗎？

在《如何訂做一個好老師》（傅士哲譯，2005）一書中，
作者肯·貝恩（Ken Bain）經過嚴謹的研究發現，好老師能展
現教育者成熟的人格特質，並藉由良好的溝通技巧，實踐下列
教育理念：

1. 欣賞每一個學生，相信學生都有價值

最成功的教師傾向於尋找並欣賞每一位學生的個別價值，
相較於切割勝利者／失敗者、天才／庸才、好學生／壞學生的
做法。他們對於學生的成就能力，抱持高度信心（頁 107）。

2. 尊重個別差異，能因材施教

對不同的學生能施予不同的引導方式，……每個學生都需

要特別的對待，沒有任何一種進路，可以適用於所有人（頁128-129）。

3. 給予學生所需的高度關懷及啟發

卓越教師向學生展示的並非權威，而是關懷與付出。所有實際情況都來自對學生學習狀況的關心，再加上良好的溝通管道，讓學生能夠強烈的感受老師的誠意（頁197）。

4. 建立充分信任的師生關係

能和學生建立起特殊信任關係的教授，都秉持一種開誠布公的態度，經常和學生談起自己的求知歷程、雄心壯志、成就、挫折與失敗，同時也鼓勵學生進行類似的內省與坦白（頁199）。

永遠難忘的壞老師

我們都希望自己是個好老師，但，是否會辛苦了半天，在學生心目中，竟然還是個壞老師？在《好老師，壞老師》（希望工程編輯小組主編，2001）一書中，學生永遠難忘的壞老師如下：

1. 不尊重學生，以暴力威脅學生

　　口口聲聲說要尊重別人的大人，卻完全不尊重孩子：天天指責暴力的老師，卻時時以教鞭威脅學生，而且還加以合理化，宣稱「打你是為你好，以後你會感謝我。」……直到今天，我從未感謝那些打我手的人（頁124）。

2. 只要求考試成績

　　就每次考試都有人被打這一點來看，顯然成績並不會因此而進步，念書的意願並不會因此而提高太多，但是大家的皮倒是愈來愈厚了，手心的皮、手背的皮、屁股的皮，還有臉皮（頁125-126）。

3. 以學生成績當做自己成就的指標

　　在班上幾乎所有成績好的學生，都到范先生那裡補習，多年來，我對這位不顧學生尊嚴，甚至不尊重自己教育專業的老師記憶猶新，……也對這樣的教育環境感到憂心。如果這樣的老師能穩坐「名師」的寶座，那麼還有多少人像他一樣，頂著教育的光環，用個人的私刑去扼殺許多學生發光的機會（頁176）？

今日力倡避免打罵教育，甚至訴諸法令（《教育基本法》），嚴禁體罰及羞辱的管教方式。有些老師也許會覺得無力及無奈，但從「學生觀點」來看，身體及言語暴力「弊多於利」，還是避免的好。要成為學生心目中「地位超越比爾・蓋茲」的老師固然不易，但若能把心力放在：「如何讓學生選擇我，而不選擇比爾・蓋茲」，應該會愈來愈快樂。

做個像大人的大人

有時，學生或子女給我們的「評論」，更能「反映」教育工作者的成敗。國中八年級的女兒鈞怡給我的「評語」，就令我覺得自豪。她說：

> 許多父母都不像個大人，表現得很不負責；而你就很像大人。許多父母都言行不一，對別人說自己對小孩一點都不兇，但其實非常嚴厲，或只是在外人面前假裝不兇。而你是少數言行一致的父母，不論在外面或家裡，對小孩的態度都表裡如一，非常有耐心，絕不大聲說話。

孩子的任何表現不可能都令父母師長滿意，此時，要改變的應該是教育者的心態，拿出愛心、耐心、同理心、進取心、

決心等，以智慧來「設法」解決問題，而非用「脾氣」或「力氣」。多年來，我一直是史懷哲的「信徒」，直到最近，才對他的核心思想——「尊重生命」（史懷哲於四十歲時確立），有了較深的領悟。史懷哲對「尊重生命」的詮釋為（梁祥美編譯，1999）：

1. 自己是為許多有「生存意志」的生命，所環繞著的一個有「生存意志」的生命。

2. 當人肯定自己的「生存意志」時，他才能過得自然而真實。是為提高生命真正的價值，開始以敬畏之心，為自己的生命獻身的精神活動。

3. 要對自己和其他生命給予同等的尊重，善就是維護生命、促進生命，將可能發展的生命提升到最高價值。惡就是否定生命、損害生命，壓抑可能發展的生命。

所以，好老師就是要對學生，努力達成「維護生命、促進生命，將可能發展的生命提升到最高價值」的任務；反之，即使是無心的對於學生「否定生命、損害生命，壓抑可能發展的生命」，也算是壞老師。

參考文獻

希望工程編輯小組（主編）（2001）。好老師，壞老師。台
　　北：稻田。

傅士哲（譯）（2005）。K. Bain 著。如何訂做一個好老師。台
　　北：大塊。

黃痊愈、陳彤（譯）（2001）。礦礦著。我的七個美國老師。
　　台北：小魯。

梁祥美（編譯）（1999）。非洲叢林醫生史懷哲──愛與實踐
　　的一生。台北：志文。

你的**溝通**有沒有用？

教師與父母的說話效能

CHAPTER 09
好老師比賽

　　我和先生都在大專院校教書，因我的「師範出身」，私心裡，總以為自己教得比較好。但一次又一次的證明，只要我在課堂上安排過一次「師丈代課」，下節課，學生就會變得特別振奮，強烈表示「很有收穫」，讓我好吃醋。於是明裡暗裡，開始「刺探」他受學生歡迎的秘密。

老師為什麼受學生歡迎？

昨天，先生回家時說：

學生問我：「老師！為什麼你給我們看影片時，自己全程站著，都不坐下？」我說：「因為我在上課啊！當然不能坐著。」

哇！慘了！我輸了！我都坐著跟學生一起「享受」電影。
今天，先生回家時說：

每次上課，我都提前十分鐘到教室，把地面掃乾淨、桌椅排好；剛開始學生會覺得很奇怪，現在，學生也會跟著一起做了。

哇！慘了！我又輸了！因為我都沒注意到教室髒不髒。
先生又說：

學生說：如果大學四年沒修過我的課，就白讀了！而且還會極力推薦別人，一定要來修我的課。

聽他這樣說，雖然覺得不夠謙虛；但我的學生就很少對我說這麼動聽的話！

我常笑先生是「校園一怪」，因為他的公事包上，掛滿了學生送他的小玩意兒（不管再怎麼奇特）。他的近百條領帶，絕大多數都是「好笑」兼「幼稚」的（如各種卡通圖案：米老鼠、唐老鴨、粉紅豬……），但是，為了吸引學生注意、提振上課士氣，他願意「犧牲形象」，而且做得非常澈底（可以想像嗎？一襲筆挺的西裝，配上超可愛的領帶，提一個掛滿小吊飾的公事包）。

好老師也講究「市場競爭力」

現代老師也要講究「市場競爭力」，不要再說：

那跟教學有什麼關聯？

爲什麼「我該」做那些？

爲什麼「該我」做這些？

而要自問：

什麼跟教學沒有關聯？

我能主動出擊，特別爲我的學生及家長「多做」什麼

嗎？

以前自己還是專任教授時，因兼任行政職務，常拿繁忙當藉口，疏忽了教學；也不易客觀反省教學失敗的原因。而今「自我放逐」後（目前是教學 SOHO 族），反而走在時代尖端，觀念跟著新潮了；對於工作角色與職責，不再像從前那樣自我設限。如《新工作潮》（*Job Shift*）一書所說（張美惠譯，1995：14）：

今日的企業界已不再是一個蘿蔔一個坑的固定型態，代

之而起的是兼職和臨時性的工作；企業結構已從傳統職位劃分，快速轉變爲以完成任務爲主旨的彈性結構。

職場的規則已經改變，一位老師該如何跟得上時代？

1. **衡量自己的受僱價值**：受僱的條件是你必須有貢獻，證明自己對聘僱團體的價值。所以，一位好老師得對自己做好「品管」，不斷改善教學品質。

2. **建立自營商的心態**：即使受僱於人，仍應將工作當成自己的事業，只是由公司發包給你罷了。所以，一位好老師得將「班級」、「任教科目」或「行政兼職」，視為學校發包給你的「工程」，一定要做到讓老闆（校長）及顧客（學生、家長）滿意為止。

3. **具備應變能力**：新工作觀是能屈能伸，拋開舊包袱、學習新知識，從挫折中快速恢復，忍受不確定感，從內在而非外在環境，尋求穩定與安全感。所以，一位好老師得忍受相關人士（學生、家長、同事）的挑戰，並與之合作無間。

好老師與自己比賽，做得比昨天更多

丘榮襄（2004）在《高牆上的彩虹》一書中說，他五十歲就提早退休，以高職心理輔導老師的身分，每星期到監獄兩次義務授課。他真是一位好老師，常針對學員的個別需求，因時制宜、因材施教，如書上所說：

> 三年多了，我養成一個習慣，受刑人向我敬禮之後，我走下講台一排接一排，一個座位又一個座位，整個教室繞一圈，看看每位受刑人的臉色和表情，確定他們是否心情穩定，沒有沮喪、恐懼或是焦躁、憤怒。如果有，我就稍加猜測，修改我的開場白，先把那個受刑人的情緒安撫一番。

丘榮襄除了經常鼓勵受刑人要學習一技之長、充實學歷外，下課後還常與受刑人個別諮商；並樂意為他們額外做些特別的事，如：度過青春叛逆期的小胖，在獄中冷靜回憶過去種種，覺得對不起父親的養育和栽培，於是在思念中畫了父親的素描，但他實在沒有勇氣寄回去給父親當生日禮物，於是丘榮襄說：

把痛苦的教訓記在心裡，出獄後好好做人就行了。這一張素描，我幫你送去給你父親，說不定他已經在思念你，計算你出獄的日子了，只是礙於男人愛面子的個性，不輕易流露真情罷了。

還有一位好老師——呂憶如，是我從報紙上認識的一位小朋友郭韋齊的導師。在小學一年級結束前，韋齊因重大疾病而截除四肢；母親程懿貞女士的偉大及辛苦，自不在話下。但韋齊的媽媽更迫切希望韋齊在校能得到老師及同學的協助。她說：韋齊高年級的導師呂憶如老師，真是一位好老師，令她十分感恩。程女士說：「我第一眼接觸到呂老師，就知道她是個溫柔、有愛心的人。」

♟ 好老師能滿足「顧客」的需求

在《別當打卡的豬》（孫曉卿譯，1999）一書中說：

經營不善都是因為顧客流失，顧客才是事業的一切。事業成功取決於顧客花錢多少，花錢多少取決於顧客的想法、感受及認同度。……還得「物超所值」，超越顧客的期望，讓他們有驚喜感。

最近我收到一封學生的電子郵件，讀之再三，藉此也了解「顧客」是否覺得我的教學「物超所值」。

親愛的王老師：

　　上了您這學期情愛溝通的課程後，深深為您對學生的用心而感動。雖然私底下沒有跟您聊過天，但一直都想找機會跟老師好好聊聊；不只是想跟老師請教感情上的問題，也想跟老師當好朋友。因為我覺得老師及師丈（今天來我們班上代課），都給了我很大的溫暖。老實說，我不是一個很認真的學生，但是老師的每一堂課，我一定會到，而且不會遲到。因為我覺得，聽老師講課很開心，就算我當時心情不好，也會全部忘掉。

　　寫這封 e-mail 給您，純粹只是想跟老師說：我真的很謝謝您的教導，這個學期我覺得我學到了很多。雖然我知道自己在情感方面，做得還不是很好；但是我會謹記老師教過的每一個重點，也會努力使自己在溝通上表現得更好。當然，以後如果遇到什麼想不通的問題，還是希望可以請教老師。

　　學期末了，再也不能到課堂上聽老師講課，覺得有一點難過。不過我想，我永遠不會忘記有您這一位好老師。也希望老師跟師丈永遠都這麼甜蜜，家庭永遠都幸福喔！^^

　　為了更深入了解「顧客」的感覺，我設計了一份無記名問卷，請學生在最後一次上課時填答，做為我下學期進步及創新的根據。

■「改善教學，學生滿意」意見調查表

一、如果有機會，您會繼續選王老師的課嗎？為什麼？

二、您會向同學推介選王老師的課嗎？為什麼？

三、這段期間，您曾經不想來上課嗎？為什麼？

四、您覺得王老師的課程中，最令你滿意或驚喜、感動的地方是什麼？

五、若有機會再為您服務，您希望本課程改進或創新之處為何？

參考文獻

丘榮襄（2004）。高牆上的彩虹。台北：小知堂。

孫曉卿（譯）（1999）。M. LeBoeuf 著。別當打卡的豬。台北：正元。

張美惠（譯）（1995）。W. Bridges 著。新工作潮。台北：時報。

你的**溝通**有沒有用？
教師與父母的說話效能

CHAPTER 10
老師的溝通能力比「導遊」
更好嗎？

　　2005 年 8 月 1 日，我們一家四口在維也納機場與「第三位導遊」會合。一見面，「陳導」（化名，導遊陳先生之簡稱）就說：「公司的人都在猜：『這家人是不是中樂透了？怎麼一個暑假參加三個歐洲團？』」

　　這是我們抵達歐洲的第 14 天，之前走過英國（倫敦）、荷蘭（阿姆斯特丹）、比利時（布魯日、布魯塞爾）、法國（巴黎）、盧森堡、德國（海德堡、科隆）等六國；這是第三個團，集中在奧地利（維也納、薩爾斯堡）及捷克（庫倫諾夫、卡羅維瓦利、布拉格、布爾諾）兩國。

　　我們一家每年都會出國，這是第七年了。之前走過南非、紐西蘭、美國、日本，幾乎都是自助旅行。但我的「高徒」鈴華，是位有經驗的國際領隊，她考量到歐洲的語文障礙（英語不一定「行得通」）與旅遊深度（歐洲歷史與藝術的豐富性），

所以建議我們第一次去歐洲還是「跟團」。

因著職業本能，我除了欣賞古蹟與美景，也不由自主的將「導遊」與「教師」這兩個行業，在溝通表現上做了評比。雖然只遇見三位導遊，但因「接二連三」，自然就「高下立判」。

♟ 第一位導遊是我的高徒

遊歐前，因發生倫敦地鐵爆炸案（五十餘人喪生，財務損失達三十億英鎊），我報名的旅行社不免擔憂，尤其是第一位導遊──我的高徒（代訂飯店及建議旅遊行程），也勸我們不要前往。在知道我們不受影響後，她再三以國際電話「確定」倫敦的狀況，再親自到我家，詳細解說倫敦的交通及住宿狀況，還留下一本自助旅遊用書。這些做法不知是專業責任抑或師生情感？從她的解說中，我覺得她真是善於溝通，不僅口齒清晰、親切耐心，而且開朗幽默、思慮周到，真令我刮目相看。

出發前兩天，「哇！報上說這次海棠颱風，很像九年前的賀伯颱風耶！」1996 年的賀伯颱風，造成 51 人死亡、22 人失蹤、463 人受傷，是自 1959 年八七水災以來的最大天災。隔天 7 月 18 日停止上班上課，中正國際機場也停飛一天。我

們不由得擔心，19 日上午九點飛往倫敦的班機，會不會延遲？結果，僅慢飛了四十分鐘，我們順利於英國時間 7 月 19 日晚上八點抵達倫敦。雖然 7 月 21 日倫敦又發生疑似第二次地鐵爆炸，警方還誤殺了一名二十七歲的巴裔男子，一整天倫敦市的警笛都響個不停；但因鈴華幫我們訂的飯店位置妥當（泰唔士河旁的河岸飯店），不僅搭地鐵或計程車方便，回來時還可飽覽河岸風光（尤其是耐看、耐聽的大鵬鐘）；加上房間寬敞舒適，讓我們白天的疲憊及緊張一掃而空。整個行程也因鈴華的考量周到，讓我們雖是自助，卻像是她就在我們身邊。

阿姆斯特丹機場，遇見第二位導遊

　　7 月 24 日搭乘著名的火車──歐洲之星，穿過跨海隧道，經法國前往比利時首都布魯塞爾；再轉乘火車到阿姆斯特丹，銜接第二個行程。我們在倫敦時，已收到「李導」（化名）的手機簡訊，問我們玩得好不好，並告知兩天後在機場碰面的地點，讓我們很安心。阿姆斯特丹機場的運量很大，出關較慢，所以當天見面比預定晚了一個鐘頭。出機場後直接上遊覽車，「李導」立刻讓我們感受到出國的氣氛；他的溝通技巧很好，例如：

1. **自我介紹**：他先表明自己觀光科班出身的背景，以及「傲人」的旅遊年資（超過十五年），取得我們的信任。

2. **「滔滔不絕」**：一上車，李導即開始上起地理、歷史、音樂、美術……等課程。之後的八天，「李導」的知識不僅「廣博」（經濟、政治、環保、教育……）而且「精通」，能將歐洲各國的關係串聯起來，所以故事聽來更有味道。最驚人的是，即使我們聽得睡著了，他仍然很「盡責」的把「該說的」全都說完，常常一覺醒來他還在「講課」。我相信他也會睏，但最多只見他揉揉雙眼，又繼續「興高采烈」的「自彈自唱」。這個功力及涵養，令人嘆為觀止。

3. **事事關心、無微不至**：一路上，他直說自己帶團的運氣很好，公司很照顧他；我當時只是聽聽而已，但遇見第三位導遊後才知，成功的人之所以自認好運，其實都是在精心規劃及掌控之下才得到的。「李導」的敬業及用心，使得四十名團員，不論食衣住行育樂，樣樣都很順心。每天晚上抵達飯店前，「李導」都重複說明看來瑣碎的小事，如飯店的各種設備等。住宿的八個晚上，分配房間之後，他也都逐一打電話詢問住房狀況；每到一處用餐，也會逐桌詢問菜夠不夠。現在想來，這些關

心，都有它「不可或缺」的效果。

♛ 維也納機場，第三位導遊怎麼了？

「陳導」（化名）怎麼了？若沒有經歷過我的高徒及「李導」前兩位，「陳導」也不算是有問題的導遊；只是總好像少了什麼。就如家長及學生並非故意拿各個老師來做比較，只是在不同的經驗中，自然分出了高下。「陳導」也有許多優點，如：隨和、親切、輕鬆、健談、好脾氣；但就「消費者」所期待的「基本面」而言，仍不夠完善。

8月1日班機抵達的時間很早（清晨六點），維也納機場不大，但不知何故，就是等不到「陳導」？同班機的另一團早已出關，後來才知遲到是因為「陳導」帶錯了出機場的方向。

也許是坐十幾個小時飛機太累，所以第一天的行程，大家都在補眠，包括「陳導」在內。但，「陳導」似乎特別累，一問才知，從他上一團（與這一團幾乎同樣行程）到這一團，相隔不到二十個小時。難怪「陳導」一路睡得很香，也希望我們快點睡。他不像「李導」會一直介紹景點特色及相關故事，倒是常說：「通常我講個十分鐘，大家就會睡著，怎麼還有人眼睛睜得那麼大？」所以講了十幾分鐘後即說：「好！我看大家

都睡著了！就講到這裡好了！」於是也跟著入睡，抵達時還需要司機叫醒他呢！

到各景點停留及集合時間，也拿捏不準，常常是我們在等導遊。飯店的設備及早餐方式也不說明，有一次我們跑錯了用餐地點，被「客氣的」請了出去。

會挑剔的，才是好顧客！

其實，會挑剔的才是好顧客；顧客認為，好導遊應有的「專業形象」包括：

1. **服裝儀容**：整潔、清爽、美觀、有變化，十天的旅程中，至少應有西裝外套及多件色彩明亮的襯衫、休閒服；不宜太隨性，或從頭到尾僅兩件換洗衣服。還須隨時保持神清氣爽、精神奕奕，展現個人特色，使旅途更形增色。

2. **說話禮儀及技巧**：應稱「我們的」行程，而非「你們的」行程，注意開始及結束說話時之稱呼、問候語（不能沒頭沒腦、沒頭沒尾）。語調的變化、笑容，說故事的技巧及幽默感（講笑話），措辭應簡要生動、表達流暢

（莫停頓太多），與顧客之適度互動等，都非常重要。導遊在車上之解說類似廣播人員，不一定要看著聽眾，但要假設聽眾一直存在。不要以為聽眾睡著了就沒在聽，或看到大部分遊客睡著了就停止說；何時該說、何時該停，也是導遊的說話技巧之一。

對於旅行社，我也有若干建議：

1. **訂定工作時間的規範**：導遊在兩團之間，必須休息若干天，不得連續工作；因為休息不足，導遊會因體力不支而使服務「縮水」。

2. **新人培育計畫及在職進修**：新進人員應安排三至五年之訓練，第一、二年跟隨不同的「師傅」學習，擔任副領隊；第三、四年接受嚴格考核，以確定是否已表現出應有的水準；第五年後則不定期考核，且每人要提出自我成長計畫，配合公司整體的發展。

   工作五年後，儘管經驗已較豐富，若要將旅遊推廣視為終身事業，贏得社會敬重，勢必要精益求精。即使已經得到顧客好評，還要自我挑剔，以求日新又新。人都有惰性及自滿心理，若無定期進修或觀摩，即會如「逆水行舟，不進則退」。

3. **建立評鑑制度**：聘請客觀公正之「考評委員」，對導遊進行定期及隨機考核。尤其須對顧客做深度訪談，以免顧客以「實際行動」（選擇別家旅行社）來表達不滿。

教師的溝通能力如何？

與導遊這個行業的溝通能力相比，老師的溝通能力應該更好，因為：

◎ 學校的顧客是身心還不成熟的學生，比旅行社的團員更難帶領。

◎ 旅行團的團員是自願參加的；學生卻是被迫坐在教室裡的。

◎ 出團旅遊令人雀躍、期待；學習上的知性之旅卻令學生想逃。

◎ 團員有意見可直接向導遊表達；學生有意見卻常拐彎抹角的由家長「代打」。

所以，和導遊及旅行社「超級比一比」，老師及學校要在下列幾方面更精益求精：

1. **服裝儀容**：因為不必拖個行李箱，所以老師可以穿戴得

比導遊更有變化，更令人賞心悅目。從奇異公司執行長退休的威爾許，認為領導人應懂得四E，第一個E即是活力（energy），老師與導遊一樣，都得是有活力的人。至於誰比較「強」，應該是老師吧？因為老師比起導遊，更得「誨人不倦」。

2. **說話禮儀及技巧**：導遊只是服務顧客，老師卻需「傳道、授業、解惑」以及「身教」，所以要表現得更有禮貌及學問。至於風趣程度，老師應該不會輸給導遊吧！但學生睡著時，老師還講得下去嗎？這份導遊才有的功力，老師可能就要甘拜下風了。

3. **新人培育及在職成長計畫**：任何專業知能都無法「保用」一輩子，任何「能人」都會面臨「強中自有強中手」的局面。所以不管資深資淺的教師，都需要持續學習，才能保持在「有用」的狀態上；就像健康的不二法門──「預防勝於治療」，「本事」也得「有備無患」。孔子說：「君子只擔心自己的沒有能力，不因不為人知而感到遺憾。」（君子病無能焉，不病人之不己知也。）

4. **教學評鑑制度**：家長多半非常客氣（及隱忍），所以老師不易聽到真話。做為一位追求進步的老師，如何才聽得到家長的建議、當成進步的動力？制度健全的旅行

社，會請「每位顧客」於行程結束時，寫下評鑑及建議，密封起來交回公司；學校應如何做，才能得到每位家長的真實回應？資深導遊可能因專業成長不足，而影響顧客權益，那資深老師呢？所以，就像全身健康檢查一樣，為了學生的學習效果，老師不需害怕教學評鑑。

CHAPTER 11
好體力與教學效能

　　您是否曾因忙碌與壓力而體力透支，整天覺得頭昏腦脹、腰痠背痛？或已有一段時間身體不適，做什麼事都提不起勁？短時間的體力不足，就已會影響心情；若罹患慢性疾病、先天遺傳性疾病、體質不佳（過敏、氣喘、容易感冒等）或大病初癒，又該如何面對與調適？還有些不算疾病的身體特殊狀況，如：懷孕、生理痛、頭痛等，對於工作又會有怎樣的影響？

♟ 老師每天平均至少站四、五個小時

　　中小學教師多半無法午休，因為，導師要忙著看班上學生用餐、午睡；平常一有空，立即要批改作業、考卷以及備課；兼任行政工作的老師，上課之外還要批公文、擬計畫、辦活動。以老師早上七點半到校，中午得不到休息，還要一直維持

活力與熱忱到下午四、五點放學（帶升學班者甚至更晚）。要連續工作至少十個小時，若無充沛的體力，勢將難以為繼。

　　從事教職需要體力，才足以應付基本要求——每天站著上課四、五個小時。更何況教育工作不僅上課，還得為了輔導學生而「奔波」。就算只是上課，仍需「活蹦亂跳」、「中氣十足」；萬一身體不佳、負荷不了時，又該如何？

　　某次，我去看一位實習老師的教學演示，發現他的音量較小，音調及臉部表情變化也不足，在教室內很少走動，整個教學氣氛顯得較為沉悶。我遲疑著不知如何給他評語與建議，才不會傷及他的教學自信；只好先「投石問路」，詢問學校對這位實習老師的看法，結果學校反而幫他說話。原來他罹患某種先天性疾病，無法從事「劇烈的」活動，情緒也不能亢奮；但因他的教學態度及敬業精神一流，所以實習學校仍對他十分的肯定。

　　另一位正式老師就沒這麼幸運了，他也有類似的先天性疾病，在一次與同事口角衝突、情緒激動之下，竟然「砰」的一聲昏倒在地，住院及休息了一個禮拜。這位老師雖知自己的身體狀況不佳，卻無法控制自己的情緒；同事也都變得神經緊張，害怕與他接觸。

　　看到這兩位老師的狀況，不免令人擔憂，以他們的體能，

真的適合從事教職，與生龍活虎的學生「角力」嗎？如果上課不太走動甚至必須坐著，是否會影響師生互動及教學效果？幸好那位實習老師很有自知之明，他了解自己的身體與情緒的關係，所以能自我情緒安撫；年紀輕輕即顯得非常「豁達」，不讓外在情境影響心情。因為他的母親也有這種疾病，所以他早已熟悉如何與疾病和平共處。既然無法與學生「手舞足蹈」，就加強師生之間的「心心相印」，以有深度的教學活動，以及多與學生聊天、更關心學生等來彌補不足。

校長每天全校巡堂三次

　　教師上課要站立及走動，若對自己的體力沒有把握，就要加緊鍛鍊。從前我在世新大學主持師資培育工作時，就一直強調「體能」的重要，還為學生辦理「體適能檢定」。好友台北縣積穗國中校長李玲惠就鼓勵我繼續強調此點，以做為世新大學師資培育的特色與「賣點」。有一次，我帶學生去台北市景興國中參觀，教務主任要我的學生每人搬一張鐵椅，隨他到教室觀摩教學。只見他三步併做兩步，毫不停歇的從一樓直上四樓；發現教室變動、改到地下室後，又立即轉身往樓下「衝」，我們跟得氣喘吁吁，忍不住懷疑主任在「操練」我們。

其實，這只是主任的「正常腳程」，他每天巡堂的次數或工作上走動的行程，根本無法計算。

另一次，我陪國外貴賓參觀景美女中，看到服飾高雅、穿著高跟鞋的黃郁宜校長時，忍不住問：

這麼大的校園，校長能每天巡堂一次嗎？

美麗的黃校長「輕描淡寫」的回答：

每天巡堂三次。

長期運動才能鍛鍊體力

馬英九過人的體力，大家有目共睹。在《露出馬腳》一書中（天下文化出版），當時擔任市府新聞處處長的吳育昇說：

一般人上班，也許接近中午十二點時，身體就開始進入休息的狀態，然後到了下午兩點以後，才恢復原來的能量運作狀態。但是馬市長不一樣，下午一點和早上九點對他來說，投入工作的狀態都是一樣的。

吳育昇分析，要像馬市長這樣運用時間，你必須「精力過人、意志力過人、耐性過人，並隨時保持腦袋的清醒」。能有

這些「過人之處」的祕訣在於「運動」，馬英九說：「我運動，並不是要成爲運動明星，而是要鍛鍊我的體力。」對於健康，馬市長感觸深刻：「在我的家族中，祖父得年六十，最後因爲中風而過世，我父親也有高血壓的毛病，所以我必須長期運動，維護我心臟、血管方面的健康。」

　　二、三十年來，馬英九持之以恆的長跑與游泳，每天早上六點起床，聽完新聞後就出門晨跑，數十年如一日，從不讓惰性給絆住，所以他不怕冷、不失眠。看到「不怕冷、不失眠」這幾個字，當晚我就失眠了，因為對自己經常失眠感到慚愧。而我也怕冷，這幾天剛好寒流來襲，我穿上毛襪仍雙腳冰冷！馬市長為了鍛鍊體力，像教練一樣嚴格自我要求。我們雖沒有馬英九般「天縱英明」的決心與毅力，但為了自己及學生，還是得做些運動，而且要持之以恆。

　　我原先以為自己算是「規律運動」的人了，平常每週走路四次，每次約五十分鐘。在學校上課，幾乎不搭電梯（十樓以下），但稍做檢討才發現，根本經不起考驗。譬如一放寒假，就「順其自然」、「順理成章」的休息，十幾天下來，不僅沒有繼續運動，加上吃得多（大魚大肉、零嘴糖果）、睡得多（而且日夜顛倒），馬上就嘗到惡果，如：發胖、早上爬不起來、晚上睡不著覺，生理時鐘及身體內在運作都被打亂。所以

並非多休息身體就會健康，若沒有適度的運動或活動，生活愈懶散，體能也愈退步，稍一勞動就苦不堪言。無怪乎現代人一直有「過度疲倦」及「休息不夠」的困擾，其實不一定是「馬不停蹄」、「日理萬機」所造成，而是體力沒有鍛鍊，所以經不起忙碌的考驗。只好拿「忙碌」當體能不佳的待罪羔羊，卻沒有積極改善體能的行動。不要再「五十步笑百步」了，現在我已開始認真學習瑜伽，想以此做為終身運動，還要多加油啊！

找到明確的人生目標，才能愈活愈有勁

　　其實每天爬不起床、渾身無力，與沒有「明確的人生目標」密切相關。只要真的知道「自己要什麼」、「想做什麼」，就捨不得再賴床、浪費時間了。孔子說：「知之者不如好知者，好之者不如樂之者。」求學、工作都一樣，找到自己「樂意」去做的事，再苦也會「甘之如飴」。所以，工作前先「找到明確的人生目標，知道自己為什麼而活」，比什麼都重要。

　　李家同先生的一篇文章〈瑪利修女〉（載於《第二十一頁》，九歌出版），述說他的同學老杜，雖然事業有成，卻要花好多錢去探索生命的意義；而且照他講，是愈悟愈糊塗。有一

天，老杜約他一起去找一位大學時代心儀的張小姐，老杜與她是在參加山地服務社認識的，但大學畢業後，張小姐決定做天主教修女。二十年後，老杜終於找到張修女，知道她一直在一個好遠的山地小村落，為小孩服務，相信她一定能告訴他生命的意義。張修女說：

> 其實我從來就弄不清楚生命的意義，但我知道如何過有
> 意義的生活。這麼多年來，我一直扮演著好母親的角
> 色，好多小孩子也因此有了母愛。任何人只要肯全心全
> 意去幫助別人，都會感到自己的生活是有意義的。

老杜回台北後，就一直照顧家庭遭變故的小孩，李家同則到德蘭中心當義工。李家同認為，他的生活之所以有意義，是因為他一直在幫助不幸的孩子。

以教師工作而言，也是一直在幫助孩子。若能為了滿足學生的各項需求，而不斷充實自己與全心付出，這樣的生命一定很有意義。所以，感謝上天，將我們安排在「老師」這麼有意義的位置上，再怎麼忙都不覺得累。

你的**溝通**有沒有用？

CHAPTER 12
爲什麼需要「教學觀摩」？

讀大學時，我因爲「一文錢逼死英雄好漢」（家貧），舉凡校內外各種有「獎金」的演講比賽，都會「不自量力」的報名（報了名總比較有機會）。可能因爲「生存動機」強烈（不得名，就會餓死），所以，比賽結果都沒令我的荷包失望。幾次下來發現，演講比賽致勝的關鍵，除了事前充分的準備外，當場的觀摩更有價值。各校菁英，尤其是得獎呼聲較高者，更是我觀摩的對象。每位選手上台，我都會記錄他們的優缺點，並且自問：「這個優點我有沒有？如果沒有，能不能立刻學習？或以其他優點與他抗衡？」看到對手的缺點，更要「見不賢而內自省」：「這個缺點我有沒有？如果有，能不能立刻改掉？或有其他類似的嚴重缺點而不自覺？」

我在世新大學、實踐大學師資培育中心教授「教學實習」課程時，總會帶準老師到中小學，看正式老師的教學示範。也

要求他們「練習」找出別人的優缺點，更重要的是「見賢思齊，見不賢而內自省」。所以教學觀摩的重點，不僅在知道某位老師多會教，更在「啓發」自己如何發揮所長、改進所失。以準老師的觀察來說，他們「發現」較佳或不佳的教學表現如下：

較佳的教學表現

一、安排座位

能預先安排上課座位，消極的可減少上課時調整座位所浪費的時間，積極的則可藉由「地利」增進教學效果。我到學校專題演講時，就常發現座位安排不佳，如：

1. **場地大小與參與人數不成比例**：通常是座位數遠大於參與者人數，由於聽眾習慣往後面及兩側坐（甚至坐樓上），弄得場面「蕭條」（以攝影機的角度來看，會顯得稀稀落落）。若臨時再拜託聽眾移動位置，不但浪費時間，而且成功機率極低（大家都覺得麻煩而不肯移動）。面對此情此景，主辦人及主講人都覺得尷尬與無

奈（演講者會覺得是自己魅力不夠的緣故），也容易影響聽眾的心情。

2. **桌椅排列方向不利於互動**：通常是直排的長條桌，聽眾面對面而坐，與講者反形成側面甚至背面的狀態。少有聽眾會自動轉向講者，而且轉頭扭腰聽講也無法持久。當講者得不到聽眾眼神或表情的回饋時，往往「寂寞難耐」，愈講愈不起勁。於是會不自覺的更加賣力，想「挽回」聽眾關愛的眼神，弄得自己筋疲力竭。主辦人員若能先安排座位，規劃某些區塊或形式，將聽眾集中，並正面朝向講者，將可大大提高演講的效果。

教室中本有課桌椅的排列，「還要」重新安排是為了將同組學生安排於鄰近位置，討論時即可迅速將桌子合併，加速開始的時間，也避免各組學生擠在一起。排成馬蹄形、半圓形（劇場形），更利於師生互動。歌星舉辦演唱會時，舞台都會設法「延伸」到觀眾席，就是為了使台上台下更為接近及互動。

二、注重師生關係

某些老師似乎輕易就能叫出學生的名字，某些老師就會將自己叫不出學生名字「合理化」。其實，如果能設法記住學生的名字，叫出名字的好處可多著呢：可以關懷、鼓勵特定學

生，增進學生的參與感及學習興趣；對於師生互動及建立情誼，也有相當的助益。還能立即覺察班級人數的異動，主動了解學生缺席的原因。

🍎 三、能在教室內走動

1. 上課時在教室前後移動，才能與所有學生互動。
2. 分組討論時能在組間走動，觀察並讓學生及時發問。
3. 走動時能藉機發現某些特殊狀況，如未加入小組討論、趴在桌上睡覺等，及時給予關心及協助。
4. 注意到學生的不當學習行為時，能及早制止及矯正。如：對上台報告的同學要尊重，將無關的物品收起以避免分心，處理學生之間的肢體衝突。

🍎 四、保持正向的態度

1. 採用正向態度來講解學生測驗得分，才不會讓學生覺得自己不好或比別人差。
2. 欣賞學生的創意，不給予負面評價。
3. 能複誦學生上台報告的內容，並加以澄清與統整。
4. 能解決屬於全班的問題，給同學講出感想的機會，並學習尊重和傾聽，以了解他人想法。

5. 發現問題時，當做機會教育，讓學生藉此討論及澄清。

6. 當學生觸犯活動規則時，能立即制止並讓學生重新再來。

🍎 五、教學流暢、活潑、有效、吸引人

1. 能不用課本讓課程進行順暢，完成教學目標與任務。

2. 使用時間倒數法，讓小組討論準時結束，回歸原位或進行下一階段教學活動。

3. 給同學時間整理手上資料，並利用時間確認同學練習的狀況。

4. 聲音清晰、台風穩健、上課氣氛生動有趣、語調活潑。

5. 活潑的教學風格，以角色扮演（面具、特別來賓）方式吸引學生注意，也能為上課主題鋪路。

6. 能將課程主題與遊戲融合，讓學生輕鬆愉快的學習。

7. 以圖示或道具輔助，使學生更清楚教學內容，減少現場書寫黑板的時間。

8. 善用獎勵制度，如：糖果、個人或小組加分，以激發學生參與的意願。

9. 安排小組活動，讓學生成為主角，也使課程多元、有趣、富創意。

不佳的教學表現

一、時間掌控不佳

1. 應在課前請小老師將教具（白板）準備好，先分組坐好，以免耽誤上課時間。

2. 引起動機的時間未加以控制，以致當學生故意唱反調時，不小心即會離題。

3. 討論活動開始前，老師下達的指導語應多一些，而不是放任學生自行討論，結果偏離主題。

4. 下課鐘響後若還在講課，因學生心情浮動，後續課程及交代之作業，均很難確實執行。而且時間超過除了影響學生的下課權益外，也會耽誤到下一堂課。

二、教學活動不夠流暢、活潑

1. 發放講義時，場面有點亂，部分同學很久還沒拿到資料，因此耽誤了開始上課的時間。

2. 教學活動轉換之前，沒有引起學習動機，或給予的指導語太少。

3. 獎勵的次數太少。

4. 肢體的表現較少，而口頭禪如「那」、「然後」太多，說話速度也太快。

5. 教學活動結束後，結論過於簡略，使學生不易掌握活動的真義。

🍎 三、未及時制止不良行為

1. 課程中出現不當的學習行為（例如對同學的人身攻擊），老師若未正視或及早制止，即會造成增強作用。

2. 未處理課堂內的突發事件（如：同學丟東西、打人）。

3. 沒有凝聚班級的專注力，有些同學在聊天、做自己的事。

4. 對於未參與討論的學生，未多加留心及處理。

5. 學生上台報告時，未適時提醒學生音量大小以及要面向同學等上台發表技巧。

6. 進行某項教學競賽前，未清楚說明遊戲規則，以致學生違規，造成結果不公。

🍎 四、無法兼顧所有學生的學習需求

小組討論過程中，老師雖針對某些較不積極的學生，加以

詢問及關懷；但因為要顧及全班以及時間不足，所以還是忽略了某些學生，尤其是在教室角落的組別。以致這些學生漸漸「脫隊」，成為「教室裡的客人」。

五、使用有線麥克風的缺點

現今老師上課使用麥克風狀況愈來愈普遍，有線麥克風有時會造成老師行動的不便，無法進行走動管理。若音量過大，還會損害學生的聽覺，影響到隔壁班上課。有些學校已注意到這個現象，開始鼓勵老師「限量」使用（包含使用麥克風之時間及音量）。

參加演講比賽較有危機意識，因為名次宣布時，好壞、高下立判；但教學觀摩常被「淡化」為個人教學特色，無輸贏的威脅感。教學固然因個人風格而難以量化、比較，但老師仍應積極思考，如何藉由觀摩教學，知道別人的優缺點並提醒自己不斷進步。

CHAPTER 13
「愛」的良性循環

除了男女間的愛情，其他的情感又有何困擾？例如：

婆婆可能疼愛媳婦如自己的女兒嗎？

媳婦可能孝敬公婆如自己的父母嗎？

夫家的兄長可能視弟媳如自己的手足嗎？

更難的是：

爺爺奶奶可能視媳婦與前夫所生的兒子如親生孫子嗎？

子女可能原諒自襁褓即遺棄自己的親生父母嗎？

繼父可能視配偶與前夫所生的孩子如自己所生嗎？

「加油！金順！」的啟示

最近看了韓劇「加油！金順！」，從中逐一找到了答案。

金順不到二十歲即「奉子成婚」，但因學歷及家世不佳，公婆不太喜歡她。更不幸的是，婚後不久丈夫即因意外而身亡；公婆不贊成她把遺腹子生下，並要她離開。自小即是孤兒的金順，婚前跟著奶奶寄住在叔叔嬸嬸家，如今，就算奶奶再怎麼疼她，也不好意思回去寄人籬下。加上難捨腹中的胎兒，於是金順決定厚著臉皮留在夫家，並表明會獨自照顧嬰兒（包括金錢上），不需公婆擔心。

金順為了自立，到美髮院當助理，每天上班前先把兒子輝成先送到奶奶那兒，下班再去接回。嬸嬸因為家裡經濟條件不好又很小氣，所以一直對金順這樣的做法「很有意見」。儘管如此，在金順心中，她仍舊知足、感恩，只看別人的優點，盡量做好自己份內的事，絕不抱怨；而且一有機會，就立即報答別人。由於她的善良與真誠，逐漸贏得大家對她的真心。例如：當她發現生母沒死，而是在她六個月大時離家出走（奶奶騙她母親已死）。生母再度出現，是因為罹患嚴重的腎臟病，所以她有錢的丈夫張醫師懇求金順捐腎給生母（母親並不知情）。剛開始她非常震驚、難以接受，但為了回報母親「生下

了我」的恩情，不忍見母親死去，所以答應了。張醫師要給她巨額謝款，金順堅持當做借貸，用來幫叔叔還債（以免牢獄之災）。此舉大大感動了嬸嬸及張醫師，讓他們慚愧於自己的私心。原本張醫師利用人性弱點，以金錢收買金順的嬸嬸；嬸嬸為了救丈夫（因倒帳被羈押），收了張醫師的巨款勸金順捐腎。不料，善良的金順一點都不怨恨嬸嬸，也不計較張醫師的心機。此時夫家為了怕金順同意捐腎，也拿出多年積蓄，讓金順用以幫助叔叔嬸嬸度過難關。

　　金順想再婚時，公婆雖不阻止，但堅持留下孫子。這對金順來說，真是莫大的打擊！她離不開自己辛苦撫養到三歲的幼子，所以一再懇求公婆讓她帶走孩子。她查詢了相關法律，知道自己擁有孩子的監護權：即使與公婆對簿公堂，法律還是站在她這一邊。但還有另一個難關，就算她爭取到孩子的監護權，再婚對象具再熙醫師的母親，也不同意金順帶孩子嫁過去。

　　有一晚，她看到公公望著亡夫的照片痛哭，她知道，自己無法把輝成從爺爺奶奶身邊帶走，因為她不忍見到公婆痛苦。最後，金順接受奶奶的建議，放棄再婚，獨自承受所有痛苦。當她將此決定告訴公婆時，老人家受到了「愛的震撼」；再加上具醫師保證能夠成為輝成的好爸爸，終於使公婆體認到自己

的私心及對金順的傷害，所以答應金順帶孩子改嫁。

而具醫師的母親當年未婚懷孕，因再熙的父親已婚，所以她決定不婚、獨自撫養孩子。當再熙的父親出現時，母親仍鼓勵再熙認父，忘記這一切的恩恩怨怨。再熙突破心理障礙（私生子的成長陰影）與父親見面，即使父親未曾照顧過他，他仍感受到濃濃的父愛。母親知道再熙認父後非常高興，而再熙告訴母親，是爲了她才這麼做的；因爲他知道母親養育他的辛苦，所以希望母親能夠幸福。當母親感受到這份「愛的震撼」，才知道自己並非眞正關心兒子的幸福，於是也接納了金順的兒子，願意把輝成當成自己的孫子。

婚禮上，公公扮演父親，牽著金順一步步走上紅毯；當他將金順交到具醫師的手上時，是多麼動人的一幕啊！

劇中還有另一段插曲，即金順夫家的大伯，當初瞞著父母娶了離婚的盛蘭，照顧盛蘭與前夫所生的兒子宇宙。剛開始，公婆難以接受別人的孩子，後來想到：「希望輝成到別人家，那邊的奶奶也能眞心接納他；所以自己當然也應該好好對待別人的孩子，接納他成爲自己的孫子。」啊！愛的良性循環，是多麼美好啊！

讓家中充滿愛的循環

　　我很愛吃鵝肉，上禮拜天特地買回來解饞。先吃了一些，晚上拿出來當「宵夜」時，想到打工還沒回來的兒子，於是忍住不吃。當晚兒子沒空吃，第二天我看到鵝肉時，又經歷一次忍住不吃的折磨。到了晚上，兒子驚訝的說：「我以為鵝肉早吃光了！竟然還留給我！」也許是感受到這份「愛的震撼」，他邊吃邊說：「哪次我比較早下班，到饒河夜市買鹹水雞給你吃。」這就是愛的循環啊！

　　吾夫興梅任教的大學，在新竹有分部；每隔一學期，就要從台北開車去新竹上課，這學期則是一大早第一節的課。冬日清晨六點，我還在暖暖的被窩裡，他已在穿西裝、打領帶了。平時我都快七點才起床，您猜！此時我是繼續睡覺，假裝沒聽到他準備出門的聲音？甚至「提醒」他小聲點，不要擾我清夢？還是掙扎著：到底要不要起床為他準備早餐、送他出門？哈！您猜到了嗎？對！我毫不遲疑的從被窩中鑽出，出門給先生買早餐（多買幾樣讓他挑，別少了一杯熱咖啡）。他看我起床就說：「這麼冷！還早！你不用起床了，早餐我自己到學校買。」但我「一定」要起來為他準備早餐，送他出門。此時他

受到愛的震撼，「一定」會以非常溫柔的態度待我，還會「情不自禁」給我一個吻呢！這就是愛的循環啊！

♟ 自己的或別人的孩子，都愛！

我到女兒班上當數學志工，也收了幾個「徒弟」到家中義務輔導。不僅出力，還大方的「撒錢」（以高額進步獎金及競賽獎金，誘導重賞之下的勇夫）。女兒的同學都「想不通」：胡媽媽為什麼這麼熱心？願意出那麼多錢？女兒說：「要不是我是你的女兒，也會想不通。我想，應該是你『不忍心』看到數學不好的同學自卑或痛苦吧！」哇！好個「不忍心」！結果，這一班的孩子受到愛的震撼，一學期下來進步驚人，班平均進步了 16 分。這就是愛的循環啊！

教師對學生的愛稱為「教育愛」，所愛的是與自己沒有血緣關係的人，而且從未想到對自己有什麼好處。父母對子女雖不求回饋，但子女回饋時也不會拒絕（若沒有回饋還會失望呢）。老師對學生則完全「超脫」私心，一切都是無私的奉獻。但老師畢竟也是凡人，實在很難「放下」，所以有時會對學生的「不感恩，不回饋」感到生氣，這的確是很難突破的人性障礙。

教育愛的困難還在於：要愛每一個學生。不僅愛那些可愛、聰明、討人喜歡的；更得愛那些學習較遲緩，以及故意惹你生氣，甚至討厭你的學生。戀愛、友誼或親情較為容易，因為有著先天或後天的基礎。老師的愛卻是理性作用的結果，不是天生的情緒反應。因為感性上告訴你：「我很氣這個學生」，理性卻提醒你、勉強你：「雖然我很生氣，還是要愛他，甚至更愛他（以「掩飾」或「平衡」生氣的情緒）。」一般的情關，只是愛與不愛的問題，然而在教師的字典裡，卻沒有「不愛」這個字眼。與「加油！金順」一劇相同的是：

先不要計較別人喜不喜歡你，
也不要擔心別人是否排斥你，
更不要管現在別人怎麼對待你；
只要把握住最終目標：看到別人的優點，盡力回報，即
使犧牲自己的幸福，也知道該怎麼做。

這樣最終一定會匯集成一股巨大的愛的力量，感動別人、贏得別人的真心。所以，父母、老師一起加油吧！

CHAPTER 14
如何關懷「成績弱勢的孩子」？

聯考放榜後，報紙及學校都為考滿級分及第一志願的「極少數」學生大聲喝采，彷彿這就代表成功。但考不上高分及名校的「大多數」學生，就不值一顧嗎？以 2006 年大學分發入學考試來說，「國文、英文、數學乙」三科的組合（每科滿分100 分），超過 250 分的考生，僅占 1.29%；超過 200 分者，只有五分之一弱（16.42%）；考 150 分以上者，還不到考生總數的一半（44.35%）。將近四分之一考生，三科合計還不滿100 分；甚至有 4% 的考生，三科總分還不到 50 分。而英文、數學單科不及格的比率，就更高了。

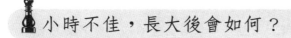 小時不佳，長大後會如何？

據報載（聯合報 C7，2006.1.6），教育部首次辦理的學生

學習成就評量，在一萬多名國小六年級的學生中，有將近兩成數學未達基礎水準，5% 無法聽辨二十六個英文字母。這些從小學就未達基礎水準的兩成學生，若沒有得到幫助，就算讀完高中，從聯考分數中能否看出這些「成績弱勢孩子」的悲哀？

　　德雷莎修女在加爾各達的「兒童之家」牆上寫著「無論如何」（Anyway），其中說：「人都會同情弱者，可是只追隨贏家；但不管怎樣，還是要為弱者奮鬥。」這句話原是肯特・齊思（Kent M. Keith）讀哈佛大學二年級時，為一個高中領袖訓練營所寫的訓練手冊──「領導者矛盾十戒」中的第七戒。現已出版為《不管怎樣，還是要──瘋狂世界，矛盾十戒》（*The Paradoxical Commandments: Finding Personal Meaning in a Crazy World*）（中文版由「大塊文化」出版）。書中解釋這條戒律說：

> 不是所有弱者都是對的，也不是所有弱者所遇到的課題都是重大的。不過，有一些弱者和他們所遇到的問題是值得重視的。將來，回顧一生，說不定你會說，幫過那幾個弱勢者的忙，是你所做的最有意義的事。
>
> 偶爾，你會發現，有那麼一個居弱勢的人，所需要的支援是你幫得上忙的。這時，你因為自己是這樣的人，因

爲你對人對事有這樣的信念，所以你應該幫他這個忙。

長子鈞豪讀國中時，教育部長吳京大力倡導「常態編班」，導師因昔日一直帶「升學班」，不免仍以成績「看待」學生，鈞豪即屬於班上「成績弱勢的孩子」。可惜，那段時間我尚未擁有「還是要為弱者奮鬥」的信念，犯了德雷莎修女所說：「人生最大的挫敗是灰心」的錯誤，使得他的挫敗與我的灰心，形成惡性循環。

誰看到成績弱勢孩子的悲哀？

幸好，我看到了女兒因「成績弱勢」而產生的自卑及頑抗心理。她的英文及數學從小學起就不理想，不論我怎麼教，都無法使她理解除法的運算及記住英文單字；反而因為邊學邊哭而揉壞了眼睛（長了好大的「針眼」）。這時我決定：「還是要為弱者奮鬥」，提醒自己要更有耐心，不要露出「嘲笑」、「生氣」的口吻或表情。若她不想學，就改變教學方法；數學解題練習的時間不要太長（十至三十分鐘左右），過程一定要溫和、愉快。就這樣，國小最後一學期的數學段考，終於考到九十一分。

讀國中後，我繼續耐心的教導、陪伴及鼓勵；一年後，她的英文、數學，都有八、九十分的表現。雖然有時會退步，但是我絕不失望、更不投降，就像她的偶像「五月天」所唱的「倔強」：

下一站是不是天堂，就算失望不能絕望。……

逆風的方向，更適合飛翔，

我不怕千萬人阻擋，只怕自己投降。

李家同一直非常同情成績弱勢的孩子，他覺得我們的社會其實不重視弱勢兒童。他曾為文〈常態分班能挽救弱勢孩子嗎？〉（聯合報 A15， 2004. 6. 14）：

對一位在學術上拿到無數獎項的人來說，國中的這些課程，學起來應該是易如反掌，怎麼會有人學不會？所以教改專家們一直埋怨我們的中學生太可憐了，念書念到半夜；他們不知道，有一票後段班的學生，每天在那裡玩，老師根本不管他們。他們也以為自己是笨小孩，英文、數學一定學不會，老師幾乎放棄了他們，他們當然也放棄了自己。

李家同認為應該聘請更好的老師，使用較淺的教科書來幫

助這些弱勢孩子。他們不是笨，成績不好多半是因為家庭社經條件不佳及缺乏文化刺激。以他多年來為弱勢學生免費補習的經驗，他確信：只要得到特別的照顧，他們也能有好的成績。

 ## 如何真正幫助成績弱勢的學生？

然而，誰有辦法給予他們「特別的照顧」？李家同認為，在目前常態分班制度下，任何一位老師都做不到，因為：

> 畢竟時間有限，老師必須將他有限的時間，顧到中間程度學生的需求；功課特別好的，或者功課特別差的，都不是老師可以照顧的對象。

因此，李家同非常擔心：「常態分班不可能使那些可憐的孩子有自尊心，更加不要談自信心了。」

目前已投入關懷「成績弱勢學生」的民間團體，除了李家同帶領的大學生，與鴻海、聯電企業在埔里推動的「博幼計畫」外：中華基督教救助協會，也於 2004 年開始「陪讀計畫」，從第一年的 13 班、 230 人，第二年的 36 班、 549 人，到 2006 年已達 45 班、 910 人。 2007 年還有 110 個班申請設立，估計至少還有 2,200 個孩子等待協助。民間團體有募款不足的擔

憂，但政府機構是否就有長遠的計畫，編列足夠經費幫助這些成績弱勢的孩子？

教育部首次辦理學生學習成就評量後，預計花費三億元，整合原先的大專學生補救教學計畫，幫助都會地區班級成績後5%、非都會地區班級成績後25%的學生。若國中基測成績PR值低於10的考生人數，達該校應考人數25%以上的國中，也可以向教育部申請一名儲備教師擔任補救教學。以2005年計算，有四十三校符合資格（補助額度好像太少了）。

但我們還是要問：這樣的比例，是否足以挽救大多數學習弱勢的孩子？看到女兒班上數學段考的成績，我認為絕對不夠！以都會地區班級成績後5%來計算，女兒班上有39人，後5%也就是最後兩名，他們的數學成績分別是十一及十二分。可是，若你知道全班數學平均只有四十分出頭，不及格者達三分之二以上，有將近一半考不到四十分時；即使以教育部「非都會地區班級成績後25%」的標準來看，幫助還是有限。除非教育部認為，數學考三十分就已「達到基礎水準」。所以，不知道教育部官員及教改專家們，看到上述的數學成績，是否會欲哭無淚？是否會如李家同所擔心的：「他們也以為自己是笨小孩，英文、數學一定學不會。」

827 數學起飛計畫

於是，我想「幼吾幼以及人之幼」，不只幫助自己的女兒「學會數學，建立自信」，也以同樣的耐心及不灰心，教導、陪伴及鼓勵全班同學。希望拿出「進步的證據」，說服更多家長及老師不要放棄「成績弱勢的孩子」，以有用的教育方式，幫助所有孩子「成績起飛、自信起飛」。

我決定邊教邊調整，期待他們的「成功」使更多老師及家長重拾信心，找到方法幫助「成績弱勢孩子」，脫離失敗的夢魘。我對女兒班上的輔導計畫如下：

■數學起飛計畫

一、日期及時間： 95 學年度第一學期起，每週一的早自習五十分鐘（暑假時另外加強）。

二、進行方式

　　1. 分組：依上學期期末考數學成績，將全班常態分配為六組，務必使每組平均成績接近。

　　2. 以數學競賽及同儕輔導方式（學伴），加強學生學習動機與成就感。

　　3. 每月結算成績：小組月冠軍獎金一千元，亞軍八百元，季軍五百元；另頒個別進步獎金（進步 10 分以上，每分 10 至 20 元）。

　　4. 每人發給一本「夢想成真」測驗簿，並自編適合學生程度的 AB 兩種考卷。

三、 教學紀錄

　　1. 全程錄影（需要實習老師協助）。

　　2. 設觀察員，非參與觀察紀錄（由導師擔任）。

四、需要告知及得到其支持與協助者

　　1. 數學老師

　　2. 家長（書面及座談）

五、預計成果及獎勵

　　1. 全班平均進步十分，校長召見及鼓勵。

　　2. 全班平均進步二十分，教育局長召見及鼓勵。

一切都是為了大學文憑嗎？

然而，幫助成績弱勢的孩子，是為了讓他們個個讀大學嗎？讀了大學，就可以擺脫弱勢的處境嗎？最近大學入學率又創新高，不久，大學就會像國民教育一樣，人人皆可入學了。但李家同憂心的是：

> 很多同學以極低的分數考上了大學的數學系，數學系不容易念；現在，如此難念的系卻收了程度不好的學生，對教授來講，當然會傷透腦筋。可是，老師只要盡力也就算是完成了使命，最嚴重的是大批同學畢業後，無一技之長，找不到給大學生做的工作，而要和高職畢業生搶工作。即使搶到了工作，也可以想像這些年輕人的沮喪。

但大學生的家長卻認為：

> 「教育沒品管，畢業無頭路」的問題，基本上是在校期間教授們的「品管」問題，成也教育，敗也教育，……在大學殿堂裡，請不要嫌棄、看衰我們子女的「低分錄取」，好好幫忙拉拔督導他們。

家長仍希望，不論孩子的程度多差，還是應該取得大學文憑（不問是否真的具備一技之長）。最近有位剛從大學畢業的同學，打電話向我借三千塊「看病」：這就非借不可，總不能「見死不救」吧！過了兩天，他又開口要借兩萬塊「充實自己」：我不禁「仰天長嘯」，不是才剛讀完四年大學（恐怕已花了四、五十萬），這還不夠充實嗎？聽到這樣的訊息，各位大學生的家長，還覺得只要大學教授「有教無類」，畢業後一定就具有競爭力嗎？

我是個大學教授，也是個大學生的家長。所以，我決定採取「務實教育」（轉用「務實外交」一詞）：

1. **以大學教授的身分來說：**不管學生入學分數多低，或不當的學習行為有多嚴重，我一定樂觀奮鬥：以「冷靜」的態度，讓他們認識及充實自己，以符合未來就業與生活的所需。

2. **以學生家長的身分來說：**不只相信自己的孩子「應該有救」，還會接受李家同所說「沒有競爭力」的事實，所以對讀大學的兒子「烏鴉嘴」的說：「快清醒！大學畢業後，爸媽就不養你了。」

3. **以教育博士的身分來說：**我絕對同情大學聯考的低分

者，所以會在他們年齡更小的時候，幫助他們建立自信，找到自己的道路，但不一定要盲目升學。

　　報載，開學後有不少學生註冊費沒有著落。如：新竹家扶中心 2006 年為 991 名國小中年級以上學生籌措學費，仍有 234 名沒錢交註冊費。包括：大專學生 100 人（公立 26 人，私立 74 人）、高中職 45 人（公立 19 人，私立 26 人）、國中 24 人、國小 66 人。政府最新統計數據也顯示，台灣貧童人數每年呈 11% 的成長，已突破 8 萬 5 千人。在這經濟景氣提升有限、學費持續高漲的時代，對於經濟狀況弱勢的家庭，無疑雪上加霜；但對讀得起書的大學生來說，你還要繼續混下去嗎？

你的**溝通**有沒有用？

CHAPTER 15
眞有「教不會的」學生嗎？

　　看到李家同所寫的〈法國菜單〉一文，先是感動，繼而感慨。感動於文中姜老師為了使國中生「不討厭」數學，而出了「三份考卷」的用心。學生並不知道老師準備了三份卷子，甲種非常難，乙種中等，丙種非常容易。丙卷使程度不好的同學，考試也能拿到至少六十分。過去，他們的分數通常只有個位數，而今因為分數不錯了，所以不再畏懼數學，上課時也肯專心聽講了。姜老師這樣做的結果，到了學期結束，學生通常不再需要丙種考卷了。

　　這個方法是姜老師向一家法國餐廳學來的，該餐廳為男、女客人各準備了不同價格的菜單，女性看了覺得每樣菜都很貴，男性卻一副無所謂的樣子（是平價的、真正的價格）。所以當男性「大方的」點菜，女性則阻止點太多菜時，女性不由得對男性的付出而芳心大動。

感慨的是，如今國中仍為常態編班，多少老師能像姜老師這樣，願意為學生準備幾種不同程度的考卷，以免學生考太差而喪失自信，對數學產生恐懼感呢？或者認為總有人數學學不來，想幫也幫不上忙！

♜ 教育界也需要尤努斯

2006 年諾貝爾和平獎得主，孟加拉籍的尤努斯教授。他取得美國凡得比爾大學經濟學博士回國後，下鄉協助救災，發現婦女普遍負債並被債主剝削的問題。於是在 1976 年創辦了鄉村銀行，提供不需抵押品的「微額貸款」（五十至一百美元）。三十年來，共創設了 2,226 個分行，貸出五十億兩千萬美元（還款則高達五十億零七百萬美元）。這種貸款方式已在全世界一百多國推行，只要小額金錢，即能幫助貧婦創業，使其增加自信、發揮所長，脫離貧窮的循環。

尤努斯幫助窮人的哲學是「自助人助」：給人一條魚，只能餵飽他一天；教他如何釣魚，能餵飽他一輩子。而且，尤努斯不只「貸款」，還教客戶如何還款（每週償還極小金額）。當窮人還出第一筆款時，信心大增，就願意繼續努力；還不出錢時，銀行還主動調整還款方式，並提供人力、物力紓困，使貸

款人有機會東山再起。尤努斯發揮經濟學專長，協助窮人建立自信、脫離貧困。教師要如何運用教育學專長，協助程度差的同學建立自信，脫離考試分數只有個位數的困境？

♟ 讓孩子不覺得自己不如人

　　一位偉大的父親 Dick，四十三年前兒子 Rick 因臍帶繞頸導致腦部缺氧，一出生即成了植物人。醫生建議將 Rick 送到療養院，但 Dick 不想放棄，因為他發現 Rick 的眼睛會隨著目標轉動，所以決定將兒子帶回家親自照顧。兒子十一歲時，他說服了專家幫 Rick 安裝一個能用頭部控制滑鼠的電腦，從此 Rick 也能與外界溝通。

　　十五歲那年，Rick 一位中學同學因意外癱瘓，大家為他跑步募款，Rick 也想參加；於是 Dick 就推著 Rick 的輪椅，一起跑完全部五英哩的路程。之後 Rick 告訴爸爸：「我今生第一次不覺得殘障了。」Dick 大受震撼，決心延續兒子這種感覺；從此展開了二十五年的長跑之旅。父子倆一起，總共跑了 3,770 英哩。其中包括數百次馬拉松比賽，206 次奧運標準三項鐵人賽，六次非一般人所能承受的終極三項鐵人賽。參加三項鐵人賽是指：Dick 帶著兒子一起跑、一起騎車、一起游

泳。

　　Rick 的狀況這麼糟，父親卻能獨排眾議，不放棄任何希望，只為了幫兒子找尋「出路」，保有「不是殘障」這份感覺。比起 Rick，我們的孩子都算是天才了，可是我們又做了什麼？

♟ 父母及老師能為學不會的孩子做些什麼？

　　姜老師是李家同創造出來的「夢幻老師」嗎？現實生活中有沒有姜老師？如今常態編班下，班上一定有程度不好的同學，要如何幫助他們不怕數學、建立自信？請先看看下面這份國中八年級的數學段考成績分布表：

分數範圍	人數	百分比（%，全班40人）
90-99	0	0
80-89	3	7
70-79	6	15
60-69	1	2
50-59	4	10
40-49	5	13
30-39	7	18
20-29	4	10
10-19	6	15
0-9	4	10

註：全班 40 人；及格 10 人；不及格 30 人；未滿 40 分者 21 人。

　　看到這樣的分數，您覺得是這個班級的程度較差，還是這次段考題目較難？是編班有問題，還是數學教學的缺失？檢討之餘，仍要面對現實：老師及家長要如何面對這樣的數學成績？這個分數的分布正常嗎？對於考不好的同學，要如何幫助他們？

　　上面那份數學段考分數分布，是我女兒班上的成績。這學期開始，我每週利用一天的早自習，時間約一小時，到班上擔

任數學志工。我運用「三份考卷」、「窮人銀行家」及「三項終極鐵人賽」的方法及精神，由第二次段考成績看來，已然明顯進步了。及格 18 人（上次 10 人），不及格 22 人（上次 30人），未滿 40 分 13 人（上次 21 人）。

明顯進步的原因，也許是這次考題比較簡單；就算如此，當我列出 27 位進步同學中，進步十分以上之 16 人的進步分數時，我們仍不得不承認：沒有教不會的學生。

座號	2	4	8	10	11	15	17	19	21	26	27	31	32	37	38	40
進步	31	34	13	17	15	22	10	18	16	45	12	25	10	53	11	20

當然，僅僅不到一學期、兩次段考，不足以證明什麼。所以我打算陪伴女兒這一班至九年級畢業。總共兩年的時間，我要努力達到的目標是：

1. 引起孩子的學習動機及興趣，讓他們能自我激勵、自我挑戰、自我超越。

2. 建立孩子的自信心，讓他們能自我了解、自我肯定。

3. 解除孩子的學習困擾，及時為他們解惑，使他們對數學（擴及其他科目）不再蹉跎、退縮。

4. 讓家長更了解、關心自己的孩子，能運用具體、適合

自己孩子的教育方法。

5. 讓老師看到孩子的個別差異，以不同的方式及標準來
　引導學生。

　　這當中還有許多鼓勵的技巧，如：獎金、獎品、獎狀、活動、儀式、講故事、個別激勵與溝通等，非常需要家長的協同教學。

　　姜老師教了一輩子的書，尤努斯三十年如一日，Dick 對兒子無怨無悔奉獻了四十多年，最後才能見到成果。所以，不要對孩子輕言放棄，老師是教育的專業者，應該帶頭示範，讓家長及社會知道我們能做什麼，親眼見到我們做了什麼。家長是孩子的監護人，是孩子人生幸福與否的決定者，更要積極、主動的學習教育技巧，以免孩子因我們的消極而怠惰、自卑。

CHAPTER 16
「激勵技巧」的奧妙

　　開學了，不僅學生收心，家長更要提早「振作精神」。女兒鈞怡讀國中八年級，8月30日（星期三）開學日當天，我告訴她，從今天起我要「戒看」暑假時沉迷不已的韓劇「加油！金順！」（朋友覺得我快被「金順」附身了）。本來我跟女兒說：「媽媽再看兩天（晚上八點至九點半），下週一就開始專心陪你讀書。」但，繼而轉念，要改就該「放下屠刀，立地成佛」，何不看到今天為止？於是我在看完自訂的「最後一集」後，跑去向女兒「報告」：「媽媽只看到今天，明天起就不再看『加油！金順！』了。」我這樣做，是讓女兒知道：暑假期間我是個「韓劇迷」，開學後，就應將每晚最寶貴的一個半鐘頭，用來「迷兒女」（我是「兒女控」喔）。教育不是說教、計畫，而是行動或實驗，所以必須「說到做到」，不能「說一套，做一套」。

教育不是理論、理想，而是行動、實驗

　　我雖是個教育博士，但也得透過行動或實驗，才知道如何「因材施教」。遇到挫折時，更要繼續行動或修改實驗步驟，才能「教不厭，誨不倦」。我的父親是位有理智、有責任感的單親爸爸，所以透過教育行動或實驗，逐漸掌握了四個性格、能力不同的兒女，使其各自成材。我二十五歲時開始當母親，當時真懷疑自己心理是否夠成熟了，因為對長子的教育行動或實驗，失敗率極高。而今總算較有「定見」，能正確的省思，知道如何修正錯誤、事半功倍；也逐漸認識到：父母的責任只在「激發」或「喚醒」，孩子本身驚人的能量，遠遠超乎父母的想像。以老師來說，家長及學生才是成功的來源；老師的任務只在激勵他們「動起來」。「皇帝不急，急死太監」，如果只是老師急，家長及學生卻不急；或只是父母急，孩子卻不急，教育上都會事倍功半。

　　基於這點體認，我對女兒的教育方針就改變許多。盡量用激勵的技巧，安撫她受創的心靈及不夠堅強的自信心；不再被她表面的淚水，以及抗拒學習的態度所影響。所以，即使她正哭著，表示數學好難、想不通，我也不會不耐煩的催促、強

迫，或見不得她的眼淚而抓狂、放棄。只會平靜的一邊讓她哭，一邊和緩的告訴她：

數學難，是因為還不熟悉，所以很難立刻就得心應手。
覺得難是因為還不會，會了就不難。

於是慢慢的，她也會說：

是啊！因為我還沒有全部弄懂，所以會覺得有點難。
我習慣把一個單元全部學會了，才能處理所有的問題。

而今，她的數學已達「己立立人，己達達人」的地步：不僅能自動練習數學，獨立解決難題，還能幫助同學，是同學眼中的數學達人了。

教育是不斷激勵的行動

我相信，要一個人進步，唯有他自己願意，否則外在的力量都只是「幫倒忙」。就好像「太陽與北風」的故事，北風吹得愈猛，路人會把外套抓得愈緊；和煦的陽光，才能使路人自動脫衣。以老師來說，要學生品學兼優，就得家長及學生「願意」，否則老師愈使力，學生愈抗拒。要如何讓家長及學生

「自動自發」呢？這次我到女兒班上進行數學教學實驗，就是想知道：「激勵」對數學成績有多大的影響？

「激勵」是指運用物質及社會性獎賞，激發學習動機及鬥志，使學生逐漸克服困難、建立自信。等學生累積到足夠的成功經驗後，就能產生「習得的樂觀」，轉化為自我激勵。反之，失敗次數愈多，想振作卻頻遭打擊之後，就會產生「習得的悲觀」，結果「欲振乏力」。激勵會形成「化學反應」，就像「五月天」的歌曲「戀愛 ing」。

> 超感謝你，讓我重生，整個 o-r-z，讓我重新認識 l o v e。
> 戀愛 ing，happy ing，心情就像是坐上一台噴射機。
> 戀愛 ing，改變 ing，改變了黃昏、黎明，有你都心跳到不行。

要讓人對你「orz」（火星文：「五體投地」之意），我們的愛就得「ing」（現在進行式），才能造成「改變 ing」。同樣的，「激勵」也得「ing」，才能「逐漸」達到預定的教育目標。「愛的進行式」會帶來「改變的進行式」，教育的愛，最有效的就是表現在「激勵」上。

一、物質的獎賞

1. **每月競賽獎金**：以小組方式進行數學競試，每月頒發獎金。個別進步最多的同學，另外給予獎金並請吃早餐或蛋糕。

2. **段考的獎金**：第一次段考，進步十分以上者，每分獎金十元。第二次段考時，獎金加碼，我設計了一張表格，只要在下面這張表格（見下頁）上簽名，進步十分以上者，每分獎金增為二十元。

3. **小禮物**：每次上課時帶一些小點心或禮物，「伺機」給予獎勵（如：字跡工整、幫助同學等）。

4. **早餐的約會**：請組長及小組長、進步最多的同學等，在校內的「心靈小站」（學校布置的一個溫馨房間），共進豐盛的早餐，順便給予口頭獎勵與打氣。

■數學的自我競賽　運動員宣誓

我　　　　　　　（自己的名字），「選擇」更努力，使第二次段考的數學成績，進步十分以上。

現在距離 11 月 28 日的段考還有 22 天，這段期間我會盡力做到下列幾件事：

1. 我要克服惰性，每天至少十分鐘，做幾題數學練習。

2. 我要克服逃避心理，碰到不會的題目，請同學教我。聽不懂、學不會，就多聽幾遍，多算幾遍。我先將課本及習作的題目學會，再繼續自我挑戰。

3. 我跟自己比賽，我相信只要我願意，明天的我一定比今天進步。為了達成目標，我會不斷的自我鼓勵。加油！

＜簽名欄＞

1.　　　　　　　　　　　2.

3.　　　　　　　　　　　4.

☙ 二、社會的獎賞

1. 以「正面言語」代替「負面評價」：當學生聽不懂或小考成績不好時，要了解他的困難所在，積極協助他排除困難。要以溫和的言語及表情，耐心的多教幾遍。如

果他聽不懂,就換個方式教(語氣及表情要更溫和),千萬不要責備、施壓,以免損及孩子的自尊。

2. **只要「會了一題」,就值得「公開鼓勵」**:剛開始的計分方式,以激發學習動機、建立自信為目標。第一、二週每次講解四到五題,答對兩題即滿分,第三題以上每題加五分;讓學生知道自己並不笨,能享受學習的成果。

3. **自我激勵的「心戰喊話」**:重複強調一些「順口溜」,讓學生不再畏懼、逃避數學,發現數學其實很簡單。如:

你不怕數學,數學就怕你。

不要猶豫,勇敢的寫下去。

不要怕錯,沒有錯哪有對?

數學就像挖隧道,哪段不通挖哪段。

4. **增加成功的經驗**:如提前告知下週考題,讓所有人都有考滿分的機會(有一週的時間可以準備)。邀請幾位被認為數學不好的同學上台解題,讓其有成功的「高峰經驗」。

教學時的激勵技巧

盡量運用同儕協助及良性競爭，激發學習的動能。這學期9月4日第一次上課後，我看錄影帶（全程錄影）發現，大都是我在唱獨角戲，講解太多卻講不完，最後小考的分數也不理想。因為，同學覺得我講太快了，來不及聽懂。所以第二週9月11日，我改採同學上課、小組長協助的方式，結果「事半功倍」，小考成績突飛猛進。大都表現了應有的水準，就連平日聽不懂的學生，也能考滿分（四題對兩題）。上課程序如下：

1. 先將今日要講解的四題抄在黑板上。

2. 找四位組長或副組長上台解題。

3. 解不出來的題目，再找其他組的組長或副組長上台協助，必要時再由我來提示及補充。

4. 答案及算式均正確之後，留在黑板上。十分鐘的練習時間，請各組組長或副組長協助組員，至少會做兩題。

5. 擦掉黑板上的算式，進行十分鐘的測驗；結束後兩組互改，數學小老師再做最後核對（算式不對不能計分）。

我每週只去五十分鐘，再怎麼厲害，也拖不動全班四十人。所以我得充分運用「人力資源」，如：

1. **小組月競賽促使各組組長或副組長，扶助較弱的組員。**

2. **遇強則強：**告知段考後成績超越組長或副組長者，即成為組長或副組長，可與原來的組長或副組長「齊頭並進」；希望造成「遇強則強」的組內良性競爭。

3. **以別人的成就為自己的責任：**將第三次段考的獎金給予方式改為兩種，只負責自己成績者，進步十分以上，每分十元獎金。協助其他同學者，對方進步十分以上時，則每分二十元獎金（對方及自己均有）；每位最多可協助二人。

4. **期末複習卷——彩虹魚計畫：**我替全班同學出了一張複習卷，其中二十題為基本題，十題為挑戰題。考題下面畫了一條大魚，身上的鱗片及尾巴共三十格（標明 1～30），會一題就將那一格塗上顏色。重要的不僅是塗滿自己的彩虹魚，更要幫助同學，使他的人生因你而充滿色彩。

5. **舉行期末數學學習成果發表會：**活動最重要的目的是，加強家長對孩子的關心、了解及信任。明白自己該怎麼做，才是孩子最需要的。行有餘力，「幼吾幼以及人之

幼」，還可以成為志工，到班上來教數學；或「認輔」
一、兩個孩子，給予個別指導。

♞ 827 的數學已經飛起來了

一學期共二十一次早自習的教學，到底有多少效果？週三
考完數學期末考後，「成果」即將揭曉，其實我滿緊張的。我
知道僅憑一學期、每週一小時，何況還有許多「變數」的情況
下，「教學實驗」的結果是可以質疑的；就算效果不好，也不
代表實驗無效，因為教育工作本就需要許多耐心。「十年樹
木，百年樹人」嘛！週五上午，當我收到導師傳來的 827 數學
第三次段考成績時，真的非常高興。看看下列「會說話的數字」
吧！

	八上一段	八上二段	八上三段
總平均	41.4	50.3	56.9
及格人數	10	18	19
八十分以上人數	3	6	12
九十分以上人數	0	3	7
進步人數	10	27	30
進步十分以上者	2	16	18
頒發獎金	780	7,100	7,520

　　從第一次段考到第三次，班平均分數進步了近十六分（到了八年下學期第一次段考時，班平均更高達近六十二分）；及格人數增加九人，八十分以上者增加九人，九十分以上由0人增加至七人，頒發的獎金也多了近十倍（獎金由我一人「獨資」哦）。

孩子最需要父母的鼓勵

　　其實這些激勵行動，需要所有老師尤其是家長來「接棒」。有一天，當這個班的數學平均成績，由五十分進步到七十分時（這是我心中訂定的目標，並未向學生宣布），絕對是

全班同學、導師、各科老師、家長、校長、主任等「共同努力」的結果。在此特別對導師的全程陪同，致上最高的敬意：如果沒有她的「壓陣」，我是絕對「心有餘而力不足」的。以下即為學期初及學期末，給家長的兩封信。

一、學期初給家長的信

> 敬愛的 827 班的家長：您好！
>
> 我是您孩子的同班同學胡鈞怡的媽媽，真高興因為鈞怡而認識　貴子弟，並能與您結緣。
>
> 上學期的期末，偶然機會與導師談話，感受到高老師對班上成績不夠理想的關懷與憂慮，一時大受感動，所以想為高老師分憂解勞，將陪伴鈞怡「玩數學」的經驗，「野人獻曝」一番。
>
> 鈞怡自小六上學期開始「畏懼」數學，為了不使她因此放棄數學，甚至喪失自信，於是陪她「每日十分鐘，快樂數學遊」。六下的數學成績，從不及格進步到兩次段考都 91 分。國中如法泡製，七年級之數學段考成績也從第一次的 60 分，到最好一次的 93 分。當然，我會繼續陪她「玩數學」，直到她相信數學「很好玩」而駕輕就熟為止。
>
> 高老師對學生十分關懷，她覺得同學都很乖巧、活潑、

有活力、有創意，成績不理想可能只是方法不對、練習不夠。於是我大膽提出了「飛吧！827！數學起飛計畫」，希望配合高老師及本班數學老師王蓮珠老師，一起提升全班同學之數學成績。值得慶幸的是，我們不僅有一位好導師，王蓮珠老師也是位十分有經驗及技巧的數學老師，相信一定能達到預定的「數學起飛」目標。校長答應，班平均進步十分時，即全班有獎；若進步二十分，台北縣教育局局長有獎。

當然，最重要的還是要靠家長對孩子的信任、耐心、獎賞與激勵，共同陪伴孩子突破數學的瓶頸。當孩子有一點點進步時，請為他感到由衷的高興；如果退步了，也不要心急、灰心，要繼續支持他。畢竟，真正的學習者是孩子，所以，他的努力最值得肯定。而我所做的只是：每週一上午早自習五十分鐘的時間，出一些題目給他們「動動腦」，然後以「重賞之下必有勇夫」的策略，每月結算一次成績，頒發小組月冠軍（一千元）、亞軍（八百元）、季軍（五百元）獎學金，以及個人進步獎金而已。以後會給您成績統計表，讓您看到孩子們的成就。

全學期每週一的早自習，期間將全程錄影，目的在於「教學省思」，以便與導師及數學老師共同檢討與改進。當目標達成時，若學校要剪輯做公開推廣，一定會徵求您的意

見。若您不同意，則不會將錄影內容公布。

讓我們彼此互助、打氣，一起為建立孩子們的自信心，達成他們的夢想而努力。更期盼得到您的指教。

敬祝　闔家平安

胡鈞怡的媽媽　王淑俐敬上

2006.8.30

二、學期末給家長的信

敬愛的　　　　的家長：

經過了一學期在數學上的努力，孩子們「學習的發電機」已經開始啟動了。有些孩子的頭頂上，已像小天使般閃閃發光；有些孩子則一暗一明；還有些雖然目前看不出明顯的亮光，但請您相信，他們仍努力維持著心中那盞燭火，渴望您的支持、鼓勵、了解與欣賞，終會使他們綻放光芒。

1 月 27 日星期六，我們將舉行「827 數學成果發表會」，希望您能來為孩子、導師及數學老師打氣加油，當我們的啦啦隊。以下是當天的節目表，當您的孩子上台領獎，以及發表數學學習的訣竅與決心時，希望得到您的賞識及疼惜，並於下台後給他一個大大的擁抱（歡迎拍照）。

<節目表>

9:00 — 9:15	報到及接待
9:15 — 9:30	愛的接力賽（陳校長、陳教務主任、導師、數學老師的鼓勵）
9:30 — 9:45	頒獎及感言──創造奇蹟獎（進步十分以上之同學） （各得獎者均可與校長、老師、父母合照）
9:45 — 10:00	小組表演──戀愛 ing（五月天歌曲）
10:00 — 10:15	頒獎及感言──追求卓越獎（八十分以上之同學）
10:15 — 10:30	小組表演──天使（五月天歌曲）
10:30 — 10:45	中場休息
10:45 — 11:00	頒獎及感言──努力不懈獎（從不及格到及格之同學）
11:00 — 11:15	小組表演──倔強（五月天歌曲）
11:15 — 11:30	頒獎及感言──自我肯定獎（下學期一定會有進步的同學）
11:30 — 12:00	全體表演── proud of you，有一天我會
12:00 — 13:00	親師生同享──爸媽的拿手好菜（披薩、沙拉、滷味、糕點……）
13:00 — 14:00	下學期數學志工爸媽第一次會議

敬祝　新年快樂

　　　　校長　○○○、導師　○○○、數學老師　○○○

　　　　　　　　　　　　鈞怡的媽媽　王淑俐

　　　　　　　　　　　　2007 年 1 月 8 日

（　　　　　　）的回條

1.□準時參加　　參加者：□爸爸　　□媽媽

　其他：　　　　　共：＿＿＿＿人

2.□真遺憾這次有事不克參加，下次一定來。

您可提供的餐點是（十人份左右）：

（舉辦地點再請同學轉告家長）

CHAPTER 17
陪伴是最好的溝通

　　日本趨勢專家大前研一認為，這個時代（M形社會裡），真正聰明的父母，應投資在孩子身上的是「時間」，而不是盲目的花大筆「金錢」，以為把孩子交給補習班就有效果。花時間陪伴，才是孩子最需要，以及最能盡到父母責任的利器。父母如此，老師亦然；老師若願意多奉獻時間，就更能了解學生，並有機會嘗試各種方法，協助學生解決問題。

　　大學畢業二十多年了，我仍會唱母校台灣師大的校歌，為什麼？可能因為太「執著」於教育的功效了。

　　教育國之本，師範尤尊崇。勤吾學、進吾德、健吾躬。
　　院分系別，途轍雖異匯一宗。學成期大用，師資責任
　　重。

　　大學畢業後，我就讀母校「教育研究所」碩、博士班，同

時結婚生子。雖然讀了十年的「教育」，對於兒子的教養，卻沒有把握；常懷疑「我這樣『教』他到底對不對？」女兒鈞怡現為八年級學生，七年前當她的哥哥讀國中時，我沒有正確的了解他；幸好相差九歲的妹妹，給了我「重新學習」的機會。

從前對兒子，我總是「貪得無厭」，給予過高的期望；不僅孩子壓力大、怕失敗，在「高標準」及「只許成功」的要求下，他一直「失敗」及令人「失望」；親子關係就在失敗與失望中惡性循環。而今對於女兒，我仍有期望，但更重視她的夢想；並有計畫的協助她逐步圓夢（包括一起度過當中的辛苦與悲傷），就好像「牽手」這首歌所唱的：

因為愛著你的愛　因為夢著你的夢

所以悲傷著你的悲傷　幸福著你的幸福

因為路過你的路　因為苦過你的苦

所以快樂著你的快樂　追逐著你的追逐

♟ 為什麼需要陪伴？

二十四歲生下長子，我因為碩士班課業，「毅然決然」將剛滿月的鈞豪，託給台南的公婆。只每個月兩次，南下陪伴他

兩天。等我念博士班，婆婆帶著兩歲半的兒子，回台北與我同住（先生是職業軍人，在高雄任職）。當時我不知道如何「陪伴」孩子，只在自己課業忙碌的空檔，撥些時間給他，而且還不「專心」。之後孩子漸漸長大，我更忙於工作；以為只要把孩子「押」在眼前，逼他做數學題目或背英文單字，就算陪伴了。更常以孩子應學習獨立及自治等理由，光明正大的忙自己的事，未真正參與孩子的世界（也沒時間、沒耐心聽孩子說話）。當孩子考不好或做不到自動自發時，又不斷指責他不懂事、不用心（卻從未反省父母本身）。

　　而今對於女兒，每天我為她做晚飯、帶便當，晚上固定時段（七點半至九點半）與她一起看聯絡簿、玩數學、朗讀英文、練字、寫作文。我完全信任她，不幫她「安排」讀書時間或順序，結果她反而非常自立，對於課業認真負責；而且還有好多時間，可以看課外讀物（包括心愛的漫畫）及畫圖。

　　有一次，我到台北市大安國小親職教育專題演講，輔導室的雅芬主任在總結說：

　　我以前認為王教授很忙，是為了公務；現在才知道，是
　　為了孩子。

　　雅芬主任所說的「孩子」，指的不只是自己的子女，也應

該包括別人的子女，也就是「幼吾幼以及人之幼」，涵蓋了女兒的同學，以及我的教學對象──別人的兒女。我先從媽媽的角色說起，自己是怎麼「醒過來」的？怎麼知道該多花時間在子女身上？再推演至教師的角色，我為何願意多花時間在學生身上？

父母醒悟，是孩子幸福的開始

第一次當母親，我是不及格的，因為總看到兒子的缺點（「還不夠好」的地方），不曾真正反省自己，更不要說想到如何滿足孩子的身心需求，或親自參與、幫助他克服困難及完成夢想了。兩年多前，當女兒小學六年級時，我「選擇性的失業」，辭掉專職，成為自由工作者；從此，在安排工作時，就能配合女兒的生活作息。日前到三重地區為一群父母演講時表示，這兩年，在女兒考上高中以前，我晚上得為女兒「留家」，不出門演講。會後收到一位家長的來信：

王老師：您好！

　　我是三重社大的學員，上星期上了您的課，真讓我非常震撼。您真是一位用心又盡責的媽媽，讓同樣身為媽媽的我……嗯！實在有點慚愧。但是我想，我一定還來得及。目前我有兩個小孩：女兒上國一，兒子上小三，因為跟公婆同住，平常老公也很配合，所以我一星期有三個晚上出門，上書法、瑜伽、社大等進修課程。小孩雖然沒上安親班，但功課還蠻不錯的，所以我才很放心的自我進修。

　　最近發現國一的女兒，上了國中後其他的科目還好，就是數學略為遜色。因為念的是私立女中（她自己選擇的，不是我強迫的哦），功課逼得蠻緊，學校也管得蠻嚴，所以也沒有參加校外的補習。就像老師您的女兒一樣，上學期第一、二次段考還好，第三次就 down 下來了。雖然學校有課後班，可是上了一學期，情況並沒有好轉，也不願再上，所以又尋找其他管道，最後決定訂「國中全壘打週刊」。剛開始讀得蠻起勁，但……雙子座的孩子總是說的比做的多……，所以這學期第一次段考的數學成績，還是不理想啦！

　　上星期五上完老師的課，聽了老師的做法，回家跟女兒說「我要把妳的數學救回來」。就從當天起，每天陪她做 10

題；距離段考還有兩個星期，但願會有起色。等這期的課程告一段落，我可能要調整步調，就如老師所言，一星期只出門一次，每天陪小孩「做數學」，相信孩子一定會更好。

最後真的要謝謝王老師，不僅努力扮演好媽媽的角色，更要當孩子的朋友。

這位媽媽說：「我要把妳的數學救回來」、「距離段考還有兩個星期，但願會有起色。」如此聽來，一則以喜，一則以憂；喜的是這位媽媽願意開始「天天陪孩子做數學」，憂的是萬一「兩個星期後數學沒有起色」，怎麼辦？兩個星期畢竟時間太短，要立即看到效果，稍嫌急了些。加上不確定她的教學態度及技巧是否正確？能否配合孩子的程度而多鼓勵、有耐心？建議父母：也許秉持著「只問耕耘，不問收穫」的教養心態，對親子雙方均較無壓力。

如何正確的陪伴？

正確的陪伴是：以孩子為「第一」，「全心全意」的陪伴（是「心心相印」，而非雙眼緊盯）。可陪伴的包括：

1. **一起用餐**：陪伴他天天吃早、晚餐，為孩子做晚飯、裝便當。

2. **一起做功課**：每天晚上固定時段，與孩子一起做功課；最後別忘了仔細看看聯絡簿及家長簽名。要完全信任孩子，不必幫他「安排」讀書時間或順序，這樣孩子才能學會自立及認真負責。還要留時間給孩子看課外讀物（包括心愛的漫畫），及從事個人喜歡的休閒活動。。

3. **一起談心事**：父母要以孩子為最優先，認真的傾聽及交談。更要主動詢問他的學校生活、人際關係、學習困難等，參與他的生活世界。

4. **一起度過難關**：愈能參與孩子生活世界的父母，對於孩子愈有「同理心」；能正確了解孩子的喜怒哀樂，在第一時間知道孩子的問題；接著「對症下藥」，以正確的方式及耐心，開導孩子的心靈（例如：人際困擾），或突破實際的困境（例如：學習困擾）。

5. **一起分享成功的喜悅**：真正的關心是無微不至且持續不斷的，孩子每天都有大大小小的快樂，急於與人分享；因為分享可以重溫快樂及獲得讚美，喜悅就會加倍。而且孩子更需要父母毫不吝惜的鼓勵與獎賞。

♟ 陪伴是最好的治療劑

想要真正幫助孩子，父母就得奉獻最寶貴的時間，全心全意陪伴孩子；只要「有時間」，就能「心想事成」。心裡想著要如何幫助孩子，透過長時間的琢磨、嘗試、累積，不論是學業或品格，都能「從容不迫」達成目標。所以只要有時間，不論你看到孩子哪裡有問題，或希望加強他哪些地方，日積月累就會奏效。當我們希望孩子提升閱讀、作文、數學、英文、字體、人緣、禮貌、做家事、情緒管理等能力，花時間陪伴，就是最好的「治療劑」。

父母花時間陪伴自己的孩子是本分，而老師奉獻時間陪伴別人的孩子是額外的付出，沒有人要求老師必須如此做，但「教育愛」會促使老師覺得應該多做一些。

◎ 學生缺席時，打電話詢問原因：若是經常性的遲到或曠課，更要澈底了解問題的根源，並設法解決。其他如缺交作業、人緣不佳、情緒低落等較長期的問題。老師都得利用課餘或自己的時間開導他，為其尋求解決的方法。

◎ 學習成績或態度低落時，與學生私下約談、家庭訪問，

或額外幫他補救教學；必要時尋求專家協助，以改善學習狀態，激發學習動機。

◎ 學生有困惑，需要找人談談時，老師願意奉獻時間，專心傾聽、提供建議。談話的次數可能無限，持續的時間可能數年。

國家圖書館出版品預行編目資料

你的溝通有沒有用：教師與父母的說話效能 /
王淑俐著. -- 初版. --
臺北市：心理，2007（民 96）
面； 公分. --（親師關懷；24）

ISBN 978-986-191-032-1（平裝）

1. 學校與家庭　2. 溝通

521.55　　　　　　　　　　　　96011760

親師關懷 24　　**你的溝通有沒有用—教師與父母的說話效能**

作　　　者：王淑俐
責任編輯：郭佳玲
總　編　輯：林敬堯
發　行　人：洪有義
出　版　者：心理出版社股份有限公司
社　　　址：台北市和平東路一段 180 號 7 樓
總　　　機：(02) 23671490　　傳　　真：(02) 23671457
郵　　　撥：19293172　心理出版社股份有限公司
電子信箱：psychoco@ms15.hinet.net
網　　　址：www.psy.com.tw
駐美代表：Lisa Wu　　tel: 973 546-5845　　fax: 973 546-7651
登　記　證：局版北市業字第 1372 號
電腦排版：辰皓國際出版製作有限公司
印　刷　者：東縉彩色印刷有限公司
初版一刷：2007 年 7 月
初版三刷：2009 年 4 月

定價：新台幣 200 元　　■有著作權 · 侵害必究■
ISBN 978-986-191-032-1

讀者意見回函卡

No. _____   填寫日期： 年 月 日

感謝您購買本公司出版品。為提升我們的服務品質，請惠填以下資料寄回本社【或傳真(02)2367-1457】提供我們出書、修訂及辦活動之參考。您將不定期收到本公司最新出版及活動訊息。謝謝您！

姓名：_____ 性別：1□男 2□女

職業：1□教師 2□學生 3□上班族 4□家庭主婦 5□自由業 6□其他____

學歷：1□博士 2□碩士 3□大學 4□專科 5□高中 6□國中 7□國中以下

服務單位：_____ 部門：_____ 職稱：_____

服務地址：_____ 電話：_____ 傳真：_____

住家地址：_____ 電話：_____ 傳真：_____

電子郵件地址：_____

書名：_____

一、您認為本書的優點：（可複選）

　❶□內容 ❷□文筆 ❸□校對 ❹□編排 ❺□封面 ❻□其他____

二、您認為本書需再加強的地方：（可複選）

　❶□內容 ❷□文筆 ❸□校對 ❹□編排 ❺□封面 ❻□其他____

三、您購買本書的消息來源：（請單選）

　❶□本公司 ❷□逛書局⇨_____書局 ❸□老師或親友介紹

　❹□書展⇨____書展 ❺□心理心雜誌 ❻□書評 ❼其他_____

四、您希望我們舉辦何種活動：（可複選）

　❶□作者演講 ❷□研習會 ❸□研討會 ❹□書展 ❺□其他____

五、您購買本書的原因：（可複選）

　❶□對主題感興趣 ❷□上課教材⇨課程名稱_____

　❸□舉辦活動 ❹□其他_____ （請翻頁繼續）

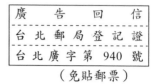

廣 告 回 信
台 北 郵 局 登 記 證
台 北 廣 字 第 940 號
（免貼郵票）

心 理 出 版 社 股份有限公司

台北市 106 和平東路一段 180 號 7 樓

TEL: (02) 2367-1490
FAX: (02) 2367-1457
EMAIL:psychoco@ms15.hinet.net

沿線對折訂好後寄回

六、您希望我們多出版何種類型的書籍

❶□心理 ❷□輔導 ❸□教育 ❹□社工 ❺□測驗 ❻□其他

七、如果您是老師，是否有撰寫教科書的計劃：□有□無

書名／課程：＿＿＿＿＿＿＿＿＿＿＿＿＿＿＿＿＿＿＿＿

八、您教授／修習的課程：

上學期：＿＿＿＿＿＿＿＿＿＿＿＿＿＿＿＿＿＿＿＿＿＿

下學期：＿＿＿＿＿＿＿＿＿＿＿＿＿＿＿＿＿＿＿＿＿＿

進修班：＿＿＿＿＿＿＿＿＿＿＿＿＿＿＿＿＿＿＿＿＿＿

暑　假：＿＿＿＿＿＿＿＿＿＿＿＿＿＿＿＿＿＿＿＿＿＿

寒　假：＿＿＿＿＿＿＿＿＿＿＿＿＿＿＿＿＿＿＿＿＿＿

學分班：＿＿＿＿＿＿＿＿＿＿＿＿＿＿＿＿＿＿＿＿＿＿

九、您的其他意見

＿＿＿＿＿＿＿＿＿＿＿＿＿＿＿＿＿＿＿＿＿＿＿＿＿＿＿

謝謝您的指教！　　　　　　　　　　　　　　45024